村松 弘

おもろい街 大阪

目次

はじめに

大阪で生まれ、大阪で育ち、大阪で年老いて八十年。と言っても正確に言うとその間、学生時代の四年間は京都で、また、社会人になってから仕事の関係で東京で十八年間の単身赴任生活を経験しているので、正味、大阪で過ごしてたのは五十八年ということになる。そのうち物心のつくまでの四、五年は暮らしてた言うてもほとんど記憶にないわけやから大阪を経験したのは実質、五十四、五年というところか。それでもずっと本拠は大阪に置いてたわけやから、やっぱり八十年か。ま、そんなことはどっちでもええ。とにかく私の体には大阪の匂いが染みついている。しかも私の両親は明治の大阪生まれ、姉や二人の兄は昭和一桁生まれで、彼らの話を聞きながら育ってきたので、私には戦前の大阪の匂いも、それから東京、京都の匂いもなんぼか混じっているはずや。

大阪と東京、京都ではおんなじ日本やけど土地柄もそこに生活する人間の気質も全然違う。私の勝手な印象を言わしてもろたら、大阪はどっちか言うたら「ざっくばらん」つまり親しみやすいけど「ええ加減」で「行儀が悪い」ところがある。それに比べて東京は街の雰囲気も含めて「きっちり」している。悪く言うたら「融通が効かん」。京都はというと「当たりはやわらかいけど、何考えてるかわからへん」というような感じである。

例えば大阪人と東京人、京都人が電車に乗っている時の三人の話を聞いてたらようわかる。どれが大阪人でどれが東京人、どれが京都人かすぐわかるやろ。

「あ、席あいてるで、座ろ座ろ」「駄目よ、そこは優先席だよ」「そうかて、ガラガラやし、だれも立ってる人おらへんやん、なあ」「だけどルールは、ルールだよ」「うちはどっちでもよろしおすけど、座りたかったら座りはったら」「ほな、座らしてもらいまっさ」

と、まあこんな感じになるのと違うやろか？

どうです。すぐにわかりましたやろ。

というような具合に、これから大阪を中心に、私の見てきた土地柄、人柄を大いなる偏見も交えて述べていきたいと思うとります。

ただし、きっちり調べたわけでもなく、あくまで私が見てきたこと、聞いてきたこと、覚えている（つもりの）ことをもとに書いていくので、おそらくそこら中に間違いや思い込みが入っていると思うけど、それが「大阪人のええ加減なとこや。」と寛大な気持ちでお許し願いたい。

それではこれから「おもろい街　大阪」のよもやま話を始めさしてもらいます。

２０２４年（令和六年）４月

ことばは難しい

今、NHKの朝ドラで往年の名歌手・エンタテイナー「笠置シズ子」をモデルにした「ブギウギ」が好調で私も毎朝楽しんでみている。このNHKの朝ドラは大阪生まれ、大阪育ちである私のひいき目かもしれないが、概して「大阪放送局」制作のドラマのほうがおもしろいし、視聴率も高いようである。そこには大阪弁が醸し出すなんとも言えない「柔らかさ」「可笑しさ」が影響しているのかもしれない。

明治維新以来「東京ことば」それも東京の山の手で使われている言葉が「標準語」と定められて以来、方言を使う人間は「田舎者」と蔑まれるような風潮があった。大阪弁もその域を出ない。だから地方出身者が東京に出てきたときはできる限り標準語に合わせようと涙ぐましい努力を重ねてきたように思う。

ところがドッコイ。大阪人だけはその流れに流されることなく、東京に出てもかたくなに大阪弁をしゃべっていて一向に気にするそぶりもない。これは一つには大阪人にとって日本の中心は大阪（上方）であって「東京なんて高々この150年ぐらいの歴史しかない新参者やないか」というひがみ根性的な意識が綿々と受け継がれてきたからではないだろうか。

そんなこと言うたら「京都」のほうがもっと歴史が古いし、京都人はいまだに「日本の都は京都や」と心の奥底で思っている人が多いと聞く。笑い話として京都の人は「先の大戦」いうたら550年以上前の「応仁の乱」やと思てる人がいるという。これは太平洋戦争で日本の主な大都市が空襲で焼け野原になったが、奈良と京都は空襲を免れたので、焼け野原になったいうたら「応仁の乱」になるらしい。

私も学生時代は京都で4年、転勤で東京で20年近く生活してきたが、東京の電車の中や街の中では「大阪弁」は嫌でも耳に入ってくるのに比べ「京都弁」はほとんど耳にしない。というよりは「京都弁（京ことば）」は京都にいても、祇園など特殊な場所か、よほど歳のいった人しか使わなくなったような気がする。このまま行ったら「京都弁（京ことば）」はなくなってしまうかもしれない。

それに比べて大阪の人間は生来「ドあつかましい」からかどこへ行っても「大阪弁」で押し通す。特に「大阪のオバチャン」は2～3人集まればところかまわず大きな声で大阪弁をしゃべっている。（間違ってたらゴメン）。それだけではなく、戦後「吉本興業」が東京に進出したり、テレビのお笑い番組を吉本の芸人が席巻したことが大いに影響していると思う。

さて「大阪弁」についてであるが、十把一絡げに大阪弁と言ってもいろいろある。

ここから言う話は、私自身が文献で調べたわけでもなく、誰かに教えを乞うたわけでもないので、独りよがりの極めて「エエ加減」な話になるかもしれないが、そこはそれ、大阪のアホの言うてる話やと思うて聞き流してくれたらエエ。

「オオサカ」という地名ができたのは「豊臣秀吉」が「大坂城」を築いたころからやと思う。時代劇なんかを見ていると「オオサカ」ではなく「オオザカ」と言っていることが多い。これは大坂城を頂点に大きな坂が多いからだろう。漢字で書くのも「大坂」であって、今の「大阪」と書くようになったのは明治から後だ。それまでの大阪は大きく分けて「摂津」「河内」「泉州」に分かれていた。摂津というのがだいたい今の大阪市の辺から尼崎あたりにかけて、河内というのが北、中、南に分かれていて、今の枚方、大東、あたりが北河内、東大阪、八尾あたりが中河内、羽曳野、藤井寺、河内長野あたりが南河内と言われている。さらに最近では千早赤阪、河南あたりは奥河内とも呼ばれている。

また泉州は大和川以南で和歌山までの海側のほう、つまり堺、岸和田、貝塚に、泉佐野あたりがそれにあたる。だから大阪弁と言っても摂津弁（というのがあるかどうか知らないが）、河内弁、泉州弁などいろいろある。だいたい東京の人やそのほかの地域の人は大阪弁というのは河内弁やと思っている人が多いのではないか。それは昔「河内音頭」が流行ったり「今東光」の小説なんかに頻繁に出てくるからではないかと思う。よくやくざ映画なんかに出てくる「おんどりゃ、ええ加減にさらせ。」とか「ごちゃごちゃ言うてたらいてまうで。」とかいうのは中河内で使われていた「河内弁」である。

1980年代「近鉄バファローズ」が強かった時の攻撃陣を「いてまえ打線」と言っていた。そうです。近鉄電車はほとんどが河内のど真ん中を今でも走っています。そういうわけで（大阪弁では

「せやから」あるいは「せやさかい」（という）東京の人に言わせると「大阪弁は汚い。」とか「怖い」とか言われるのである。（河内の人、ゴメン）

そんな中でちょっと毛色が変わっているのが「船場ことば」である。船場というのは大阪を東西に流れる土佐堀川、長堀川（今は埋め立てられて無い）、南北に流れる東横堀川、西横堀川（これも今はない）に囲まれた地域をさし、大阪の商売人の街として栄えた。

これは秀吉が大坂城の城下町として近江商人などを連れてきてここに移住させたからという。そのころから江州（ごうしゅう・滋賀県）と大阪は近しい関係となった。今はどうか知らんけど、私が子供の頃の大阪の盆踊りでは「月が出た出た～月が出た～ヨイヨイ」でおなじみの「炭坑節」や「河内音頭」とともに「江州音頭」が付きもんやった。唄の間に「そりゃーよいとこさっさのよいやさっさ」と合いの手が入る。「河内音頭」は「エンヤコラセ～　ドッコイセ」である。

この近江商人が近江から大阪船場へ、その途中で京都を通ってきたので「船場ことば」にはどことなく「京ことば」に似通ったふんわりとした感触がある。よく例として挙げられるのは「はんなりとした着物」とか「まったりとした味」という言葉や誰それの名前の後に「…はん」とか「…さん」とつけるのがそれにあたる。

例えば商家の主のことを「旦那はん（略してだんはん）」、使用人の頭を「番頭はん」などという。この「はん」は「さん」から変化したものであり、元は「様」で尊敬語である。番頭はんの下は「手代」であんまり「はん」とか「さん」とかつけているのは聞いたことはない。

芝居の中では帳場から小銭をちょろまかしたり、「こいさん（末娘）」に恋心を抱いたりするのはこの「手代」が多い。ちょうど品行の悪い中間管理職みたいなもんである。

さらに一番下は「丁稚（でっち）」で「丁稚どん」という。1960年代「番頭はんと丁稚どん」という喜劇がテレビで流行った。この「どん」は「殿」が変化したものであり目下のものに対して使う。ところが最近「総理大臣殿」と言ったり「社長殿」と呼んだりして丁寧に言っているつもりの人が増えているような気がする。言われた方もまんざらでもないような顔をしているから始末に悪い。とにかく日本語の「敬語」は難しい。

また船場では奥さんのことは「御寮（ごりょん）さん」、息子のことは「ぼん」、兄弟がおったら上が「おおぼん」、したが「こぼん」である。

娘のことは「いとはん」略して「とーはん」ということもある。末娘は「こいさん」、これは「小いと」さんから来ている。など、なんとなく京ことばのような感じがするではないですか。

また大阪の人は人間以外にも「さん」あるいは「ちゃん」をつける人が多い。例えば大阪の「オバちゃん」はすぐに人に「アメちゃん」をあげようとする。何で大阪のオバちゃんの袋の中に、いつでも「アメちゃん」が入っているのかは大きな謎ではあるが「アメちゃん」を持ってないオバちゃんは「大阪のオバちゃん」として認知されないくらいである。

「アメちゃん」以外にも「おイモさん」、「おマメさん」、「おアゲさん」と「さん」だけではなく「お」までつける。丁寧なものである。せやけど（だけど）他の食べ物には「お」はつけるけど「さん（ちゃん）」はつけないものもある。例えばおんなじ豆腐屋でつくってるのに「揚げ」には「おアゲさん」と「お」と「さん」をつけるのに「豆腐」は「お豆腐さん」とは言わない。せいぜい「お豆腐」である。「揚げ」のほうが「豆腐」よりも格上なのである。（なんでか知らんけど。）そのせいか、「揚げ」でつくった「すし」、「稲荷ずし」は別名「お稲荷さん」とちゃんと「さん」がついている。これは「稲荷神社」のことを「お稲荷さん」と言うからかもしれないが。

「お魚」「お肉」「お野菜」「お豆腐」「お味噌汁」「お塩」「お砂糖」「お醤油」…などなんでも「お」をつけるが「お魚さん」「お肉さん」とは言わない。（これもなんでや知らんけど）

食べ物の話とは違うけど、昔の家の台所は、居間より一段下がった「土間」になっていて、そこには飯を炊く「かまど」があった。この「かまど」のことを大阪では「へっついさん」と言った。漢字で書いたら「竈さん」。まさに「かまど」なのである。ここでも大阪人は「さん」をつけて呼んでいた。丁寧なものである。

ちょっと話は戻るけど、「大阪のオバちゃん」言うたらすぐ引き合いに出されるのが「ヒョウ柄の服」や。「アメちゃん」ほどの緊密な関係にはないけど、なんでか知らんけど「大阪のオバちゃん」

言うたら「ヒョウ柄の服」が出てくる。「ヒョウ柄の服」が何を表してるのか知らんけど、おそらく「東京のオバちゃん」なんかが、「本物のヒョウの毛皮なんか着てる人はおれへんやろから、東京や神戸にセンスで負けんようにマガイモン（偽物）を着てカッコつけてるだけやろ。」と大阪弁をマネしながら嘲笑の対象にし始めたんが始まりやないかと思う。

その辺の真意を察してか、だいぶん前から「大阪のオバちゃん」の間から「ウチら、そんなにヒョウ柄の服なんか着てへんで」と猛烈に反発をし始めた。確かにそういう目で見ると、街の中で「ヒョウ柄の服」を着てる「オバちゃん」はそんなにおれへん。せやけど「天神橋筋商店街」や「駒川商店街」の洋品店なんかを覗いてみると、必ず「ヒョウ柄の服」が一着や二着はハンガーに架かっている。と言うことはそれだけ需要があるということや。

ほんなら東京や神戸で「ヒョウ柄の服」を着てる人はいてないかいうたら、正確に調べたわけやないけど、大阪とそんなに変われへんのと違うかと思ってる。

ほんなら何で「大阪のオバちゃん」と「ヒョウ柄の服」がこんなに喧伝されるようになったかいうたら、おそらくどこへ行っても物怖じすることなく「大阪弁」でしゃべりまくる姿が「ヒョウ柄」とマッチしてると思われたんやないかと思う。「いや、違うで、笠置シズ子がジャングルブギを歌うときにヒョウ柄の服を着てたから、それから流行ったんや。」という人もいる。何がホンマかわかれへん。

物怖じしないだけや無しに「大阪のオバちゃん」は誰にでも親切やで。この間も戎橋商店街で、探してる店がどうしても見つからんので、ある店の店頭に立ってる「オバちゃん」に聞いてみたら、そのオバちゃんも分らんらしく、「ちょっと待ってや」言うて、わざわざ向かいの店まで聞きに行って教えてくれた。こんなことは過去にも何べんもあった。嘘やと思たら、いっぺん大阪のオバちゃんに道を聞いてみ。必ず親切に教えてくれるから。

まあ「大阪のオバちゃん」の話はこれぐらいにして、言葉の話に戻ろう。

京都の言葉は最後に「…どす。」という。（最近は、これまたよほどの年寄か花街の舞妓、芸妓ぐらいしか使わないが）。それとよく似ているが、大阪では「…だす。」という。これらは標準語でいう「…です。」が変化したものだと考えられる。（いや歴史から言うたら逆かもしれん。）これも昔、赤塚不二夫の漫画に出てくる「デカパン」の親父がよく使っていたが最近ではあまり聞かない。「デカパン」てなんや？

そうか。昔、赤塚不二夫の「おそ松くん」と言うマンガが流行って、その中に出てきたキャラクターの一人やけど、今の若い人には通用しないかもなあ。

もう一つ。今やっているＮＨＫの朝ドラ「ブギウギ」の中で、主人公「福来スズ子」が盛んに自分のことを「ワテ」と呼んでいる。昔の大阪の女の人はみんな自分のことを「ワテ」と呼んでいた。私の明治生まれの母親なども自分のことを「ワテ」と呼んでいた。せやけど今頃「ワテ」なんて言葉を使っている女性にあったことはない。「福来スズ子」が「ワテ」を連発してるけど、どこか違和感がある。なんで違和感があるのかなあとおもたら、洋服に「ワテ」が似合わんと思た。やっぱり「ワテ」に似合うのは「和服に割烹着」の「オバチャン」やと思う。

「割烹着」もなかなか最近は見かけなくなった。ちょっと前に問題になった「理化学研究所」の研究員「小保方晴子」さんが割烹着姿で「スタッフ細胞はあります。」と懸命に訴えていた姿を思い出すぐらいである。「ワテ」とは言わなんだけど。

「ワテ」によく似た呼び方に「ウチ」というのがある。こちらのほうは「ワテ」よりも若干長持ちしていたようであるがおそらく昭和三十年代にはこれら言葉は「死語」になってしまったようだ。自分のことを「ウチ」というのは廃れたかもしれんけど、自分の家のことを「ウチ」というのはまだまだ健在のようである。「ウチにけえへんか?」と言うように。

それなら（大阪弁では「ほんなら」あるいは「ほなら」という。さらに縮めて「ほな」と言うこともある）男は自分のことをどう言っていたかというと「ワシ」というのが多かったと思う。「ワイ」ということもあるが、これはどうやら河内弁。

「ワシ」はおそらく「わたし」が短縮されたものだと思うが、私が小さいころ自分のことをなんと呼ぼうか悩んでいた時期があった。近所の子供や学校では「オレ」と言っているのが多かったように思うが、家に帰って「オレ」というと「そんな汚い言葉使わんとき。」と怒られるのでハタと困ったのである。「ボク」ていうとなんか、白いシャツに半ズボン、蝶ネクタイをしているようなエエとこのボンボンになったようでどうも座りが悪い。かといって「ワシ」というとオッサンになったようでキマリが悪い。だから家で自分のことを言うのに、なんか口の中で「ゴニョゴニョ」と言ってごまかしていたように思う。外で友達と話するときは、何とか小さい声で「オレ」と言ってごまかしていた。

もう一つ自分のことを「自分」と言っている人もいた。これはおそらく父親が兵隊上がりの子供だったのだろう。私は知らないが軍隊では自分のことを「自分」といっていたようで「自分は……であります。」というような使い方は映画や劇の中ではよく見る。一方、相手のことも「自分」という子供もいた。「自分がそう言うたやんか」というような使い方をする。

河内や泉州のほうでは、相手のことを「ワレ」と言ったり「オノレ」と言ったりすることもあるので、だれを指してるのかようわからんことがある。せやから日本語はややこしい。

この文章の中では自分のことを「私」と言う漢字で統一しているが、文脈の流れによって「ワシ」と呼んだほうがしっくりすることもあるかも知れんので、その辺は臨機応変に読んでくれたらエエ。

自分のことをいろんな呼び方で紹介したが、ほんなら相手のことをどう呼ぶのが多かったのだろう。おそらく子供同士の間では男の子は「おまえ」女の子同士では「あんた」というのが多かったのではないかと思う。

「君（きみ）」と呼ぶのが標準語なのだろうが、なんとなくヨソヨソしくて友達になれない気がする。それもそのはずで江戸時代には自分の主君のことを「君」と言っていた。その上の「天皇」のことは「大君」と言うてた。

「忠臣蔵」でおなじみの「浅野内匠頭」による「刃傷松の廊下」の歌の中で「君、君たらずとも臣は臣」と言うセリフがあるが、この「君」とは主君「浅野内匠頭」のことである。せやから、こんな恐れ多い代名詞をうかつに使うことはできない。こんな話をしても今の人には「なんのこっちゃ」と蔑まれるだけかもしれんので、今の人はどんどん「君」で押し通してくれたらエエと思う。

この話はこれぐらいにして、まあそんなわけで私にとっては相手のことを何と呼ぶかは長じてからも一向に解決しない悩みである。


そしたら自分の妻のことをどう呼ぶか。これは今でも世の男たちの頭を悩ますところではないだろうか。昔は「オイ」「オマエ」で済ましてきた家庭も多かったように思うが、今どきの妻にそんな言葉を使ったら張り倒されるのがオチである。

そんなことを考えながら友人達と話をしていると「うちの家内」と言っているのが30％ぐらい「うちの奥さん」と言っているのが40％ぐらい、「うちのやつ」と言っているのが10％ぐらい、「うちの女房」と言っているのが5％ぐらいで残りはどういっているのかわからない。（これは私の感じだけであって、統計を取っているわけではないのでアテにはならない。）

昔は「女房」や「家内」というのが圧倒的多数派だったと思うが、今では女性もみんな働きに出ていて「女房」や「家内」という言葉もほどなくお蔵入りする運命にあるのだろう。

私の独断であるが、大阪では年配者は「家内」、「うちの嫁はん」と言ってるのが今でも50％ぐらい占めていて、だんだん若くなるにつれて「うちの奥さん」と言うのが増えてきているように思う。

逆に妻は夫のことをなんと呼んでいるか。私の見たところ外では「うちの主人」と言っているのが圧倒的に多いような気がする。これも最近では、男女同権であるから「主人」とは何事か、と怒る人がいるという。また「ヨメ」という言葉に拒否反応を示す人も増えてきている。これは「嫁」という字に「家」がついているからで、もはや昔のように結婚が家と家のつながりという概念がなくなってきたからであろう。

結婚して子供もできて家庭が安定してくると、夫のことを「オトーサン」、妻のことを「オカーサン」あるいは「パパ」「ママ」と呼んでいる人も結構いる。

まあ、内ではどう呼んでいようと構わないが家の外ではどう呼んでいるのだろう。たまによその家に呼ばれると、男の見栄だろうか「オイ」と呼んでいる場合が多いような気がするがおそらく客が帰ってから「さっきはゴメン」と謝っているのではなかろうか。

最近テレビドラマなんか見ていると夫婦で「○○さん」とか「△△君」と名前で呼び合っているのが多い。実際はどうなのか知らないが、私のような旧い人間になると、どうもそういうのは水臭いようで、あるいは友達同士のようでなかなか声に出して言えない。特に外では、よっぽど親しく、家族ぐるみの付き合いをしている場合は別だが、夫や妻のことを名前で言われたって、聞いてるもんにとっては「誰のこっちゃ」さっぱりわからへん。

では私の場合、家の中ではどうしているかというと「なあ」とか声をかけて、運よくこちらを向いてくれれば要件を話すのであるが、たまに聞こえなかったときなどは「あのなあ、なあ」と何べんも言う。

妻のほうから夫に声をかけるのは「あなた」という便利な言葉があるが、夫のほうから「あなた」と声をかけるのは、なんだか「オネエ」のようで気が引けるのである。おっと「オネエ」なんて言ったらジェンダーフリーが声高に叫ばれている今の時代にはハラスメントだといわれて糾弾されそうだ。

本当は「オマエ」と言うのが一番しっくりするし、「オマエ」を漢字で書いたら「御前」なので、相手を最高級に敬っている言葉なのであるが、今更そんな講釈を垂れても、鼻先で「フン」と笑われるだけなので、やめといたほうがエエと思う。

家庭の中で呼び方がマチマチなのに、親、兄弟の呼び方がある。最近よく聞くのが父親、母親に対して「オトン」、「オカン」と言う呼び方である。私の家族の中で使っていなかっただけかも知らないが、少なくとも私の家ではそんな呼び方をしたことはなかったと思う。

特に「オカン」は最近になって芸能人の間でしょっちゅう使うようになったような気がする。せやから昔からある「大阪弁」と違うんちゃうかと思てるけど真偽のほどはわからない。

昔からある両親の呼び方に「お父ちゃん」、「お母ちゃん」がある。こちらの方が一般的だったような記憶がある。せやけどそれも中学生ぐらいまでで、それ以上になると「オヤジ」、「おふくろ」が一般的になってくる。ただしこれは男の子の場合だけで、女の子はあんまり「オヤジ」、「オフクロ」と言っているのは聞いたことはない。女の子の場合は「お父ちゃん」、「おかあちゃん」でかなりの年齢になっても使っているし子どもの内は「パパ」、「ママ」と言うのも一般化されている。ただし三十路を越えた女が「うちのパパ」なんて呼んでると、違う関係と誤解されるかもしれんので注意が必要である。

これらの呼び方は、男が「うちの親父」「うちのオフクロ」と言うのはまあ許されていると思うがそのほかの呼び方は、あくまで「家庭内」での呼び方で、エエ歳をしたおっちゃん、おばちゃんが「うちのお父ちゃん」、「お母ちゃん」と呼んでいるのはいつまでも親離れしてない幼稚な感じがするし、正しい使い方ではない。あくまでも外では「父」、「母」である。

次に兄弟姉妹の呼び方である。幼い間は「兄ちゃん」、「姉ちゃん」でいいと思うが、これも成人してからは、なんだか「甘えた」のような感じがして、よろしくないと思う。

よく使われているのは「兄貴」、「姉貴」と言うのがあるが、聞きようによっては、違う筋の仲間のようにとられないこともない。これも外では「兄」、「姉」と呼ぶのが正しい。

まあ家族の間では何と呼ぼうとかめへんけど、改まった相手、例えば面接のときや、会社の上司、得意先での会話の時なんかは気をつけたほうがエエと思う。

あとはそれぞれの家庭で波風が立たんように適当にやっとくんなはれ。


呼び方と言うたら特に難しいのが名前を知らない女性の呼び方である。若いうちは「お嬢さん」でいいが、三十路を過ぎた女性に「お嬢さん」と言ったら嫌味に聞こえるのか嫌な顔をされる場合がある。かといって「奥さん」と呼ぶのも、昔はそれでもよかったが、最近は三十過ぎても独身の女性はザラにいるから「奥さん」と呼び掛けてもソッポを向かれることがある。そんならなんと呼ぶか。「おネエさん」では飲み屋のネエちゃんみたいやし「オバはん」では怒られること間違いなし。

また昔の話するけど、織田作之助の小説「夫婦善哉」が映画になったことがあった。と言うても私は見てないのだが、その中で主人公の「維康柳吉」、妻の「蝶子」が法善寺横丁を肩を並べて歩いているシーンがあった。柳吉の放蕩ぶりに愛想をつかしていた蝶子がいろいろ小言を言っていたら、柳吉の役をやっていた「森繁久彌」がアドリブで蝶子役をやっていた「淡島千景」に「オバハン、頼りにしてまっせ。」と言うセリフを吐いた。この言葉が当時、流行したことがある。その言葉に「蝶子」は機嫌を直して、二人仲良く肩を並べるのである。昔はこれでよかったのである。

「夫婦善哉」で思い出したけど、ミナミの法善寺のすぐそばに「夫婦善哉」という「ぜんざい屋」がある。「ぜんざい」というても東京人には伝わりにくいかもしれない。というのは東京人の間では「ぜんざい」も「汁粉」もどっちも「汁粉」で通しているからである。

大阪では「ぜんざい」と「汁粉」には厳然とした差がある。

「ぜんざい」というのは汁の中の小豆の形が残っている。いうなれば「粒あん」である。それに対して「汁粉」というのは、小豆の形が残っていない。いうなれば「こしあん」なのである。

その「夫婦善哉」の店に入ったら小ぶりのお椀に「白玉」の入った「ぜんざい」が二つと小皿に「塩吹き塩昆布」が一切れほどついて出てくる。甘いもんを食べた後の口直しである。

恋人同士は法善寺の「水かけ不動さん」にお参りして、この「夫婦善哉」の店で「ぜんざい」を食べたら恋が成就するといわれている。

エライ話が脱線してしもた。話を戻そう。

結局知らない女性に呼び掛けるのに最適の言葉はないのである。せいぜい20代以下と確信出来たら「お嬢さん」で間違いないだろうが、それ以外は「ちょっと、すんません。」となんでか知らんけど謝りながら呼び掛けるのが無難だろう。

ほんなら、男の場合はどう呼ぶか。男の場合は若ければ「お兄さん」、三十路を過ぎたあたりからは「御主人」あるいは「大将」「オジサン」と呼んで、もし結婚してなくても男は女性のように腹を立てたりはしない。これで大概の場合は事無く収まってしまう。ただ「シャチョウ」はおちょくってるみたいやし「オッサン」は喧嘩になるからやめたほうがエエ。

会社や組織の中では、今でも「課長」だの「部長」だのと役職で呼ぶ場合も多いようであるが、もし役職を間違えて言ってしまったら、とんでもないことになりかねないから、よっぽど注意して事前の確認をしておかなければならない。

最近では「チーフ」とか「フェロー」とか言うように横文字も増えてきたので余計に何が何だかわからない場合が多い。

一番間違いがないのは「○○さん」と名前で呼ぶことだが、「課長」とか「部長」とか呼ばれることを生きがいにしてきたような人にとっては、名前で飛ばれるのは抵抗があるようである。でもだんだんと時代が変わってきて、国の首脳同士でも名前で呼び合う時代である。これからは組織の中でもそれが主流になってくるであろう。

アホとバカ

東京と大阪で言葉の受け取り方の違いでよく引き合いに出されるのが「アホ」と「バカ」の違いで

ある。

大阪では話の合間に「アホちゃうか。」とか「アホなこと言うな」とあいの手を入れるが、言われたほうもなんとも思わない。ところが東京では「アホ」と言われるだけで「ムカッ」とくるそうである。逆に「バカじゃねーの」とか「バカ言ってんじゃねーよ」とか言われると大阪人は腹が立ってくる。

大阪では「アホ」で売りだした芸人がたくさんいる。「松竹新喜劇」の大御所やった「藤山寛美」なんかは別格やけど、先日亡くなった「坂田利夫」なんかは「アホの坂田」で一世を風靡して歌まで出している。

「アホの坂田・アホの坂田――・――」と繰り返しながらアホ丸出しのしぐさをして笑いを引き出してきた。要は大阪人は相手より自分を一段引き下げて、場を和ませる術にたけている。誇り高い東京人はそれを見下して笑うのであるが、自分で大阪人のまねはできない。これは商売人の街として栄えた大阪人独特の感覚であろう。

「お客様は神様です。」なんて歯の浮くようなお世辞を言って客を喜ばすのではなく、自分を卑下して客に優越感を与えるという高等技術なのである。大阪で商売しようと思ったら「アホ」になれ。とよく言われたもんである。つまりお客さんより賢いと思われたら警戒されて商売にならん、というのである。

ただ最近は日本人の気質も均質化してきて大阪の「アホの文化」も廃れつつあるように思う。

晩年、坂田利夫も、舞台の上ではいいが平場で「アホ」と呼ばれるのを嫌がっていたと聞く。逆に東京人も最近は「アホ」という言葉にそれほど拒否反応を起こさなくなってきたという。テレビの影響かなんか知らんけど、それ以外の大阪弁も東京人が平気で使うようになってきた。


東京と大阪ではおんなじ発音でも全く意味が違う場合がある。例えば「クモ」。東京では「ク」の方にアクセントを置けば「蜘蛛」を指し「モ」の方にアクセントを置けば空に浮かぶ「雲」を指す。ところが大阪ではそれと全く逆である。

昔、と言ってもかなり昔、つまり私がまだ小学生だった昭和二十年代後半ぐらいだったか、題名は忘れたが「灰田勝彦」という歌手が歌っていた歌で「クモがゆく、クモが行く、アルプスの牧場に…」で始まる歌があった。小学生だった私は、この「クモ」はてっきり「蜘蛛」の事だと思っていて「なんで、こんな気持ちの悪い歌が流行るんやろ」と不思議だったが、この「クモ」が実は「雲」の事やとわかって安心した。

ほかにも「カキ」、がある。漢字で書けば「柿」、「牡蛎」、「垣」…といっぱいある。また「ハシ」という言葉もある。これを漢字で当てはめると「橋」、「箸」、「端」などいろんな言葉が当てはまる。

東京では「ハ」にアクセントを置けば「箸」の事であり、「シ」にアクセントを置けば「橋」になりアクセントがなければ「端」になる。これも大阪では全く逆である。

ところがである。みなさん「一休さん」という歌を知っているでしょう。「一休さん、一休さん、この橋渡っちゃいけません…」で始まるあの歌です。この歌で出てくる「ハシ」のアクセントはというと「ハ」の方に置かれている。という事は東京ではこの歌は「この箸渡っちゃいけません…」という意味なってしまう。東京人はこの歌を聞いておかしいと思わんねやろか。

そのほかにも「空」、「鴨」、「鱧」、「河豚」などとにかく二音で発音される言葉は東京と大阪ではアクセントのつけ方が全く逆というものが多い。よくこれで東京人と大阪人で話が通じ合うものだと感心する。

ちなみに余談になるが、先ほど言った「端」であるが、東京の人（江戸っ子）はわざとかどうか知らんけど「シ」と発音できず「ジ」となる。だから「端」は「ハジ」なのである。昔の「古今亭志ん生」の落語を聞いていると「端」のことを「ハジ」と言っていた。「ハジ」と言えば日本語では「恥」の事であり、さすがにこれは標準語には取り入れられていない。

もう一つ余談を許してもらうと、数字の「七」がある。私なんかは子どもの頃は「ヒチ」と読むと教えられてきた。ところが東京人（江戸っ子）はどうも「ヒ」という発音がしにくいらしく「シ」になってしまう。だから「七」は「シチ」である。大阪では「シチ」と言えば「質屋」の看板の「質」

の事であり「七」を「シチ」というのは東京人（江戸っ子）が「ヒ」の発音ができないための方言だとばかり思っていた。ところがである。辞書を引いてみると「ヒチ」という言葉は載っていない。もちろんパソコンでも「ヒチ」は「七」と変換されない。いつの間にか「七」は「シチ」と標準語に乗っ取られたのである。

ついでに皆さんは「十把ひとからげ」を何と読むでしょうか。私なんかに読ませると、これは「ジュッパヒトカラゲ」なのである。ところが「ジュッパヒトカラゲ」をいくら辞書で調べても出てこない。もちろんパソコンも変換してくれない。「ジッパヒトカラゲ」と読んでようやく辞書にもパソコンにも通用するのである。

だけど考えて見て欲しい。「十」は「ジュウ」なのである。だからどう考えても「十把ひとからげ」は「ジュッパヒトカラゲ」なのである。だいたい「ジッパ」と言えばズボンの前に着いている「社会の窓」の「開き止め」のようなものではないのか。

このように「ことば」というものはどんどんと変化してきて、今では聞いたことのないような「コトバ」が女子中高生などの間では行き交っているらしい。私のような古い人間にとっては英語を聞いているよりわかりづらい。まるで「宇宙語」である。

この調子でいけば「大阪弁」もそのうちなくなってしまうかもしれない。それでは大阪弁を営々と築き上げてきたご先祖様に申し訳ないので、私はどこへ行っても大阪弁で通してきた。

申し遅れたが、うちの家は昭和二十年三月の大阪大空襲で大阪の中心街が焼けてしまうまで、大阪の船場で商売をやっていた。せやから私の小さいころ、家では「船場ことば」らしきものに馴染んできた。この文章も、ここまでだいぶ大阪弁を交えてきたが、これから先も適当に大阪弁を交えて文を綴っていこうと思う。ただし、ここで使う大阪弁はほとんど「船場弁」らしきものになることだけはご了解願いたい。


「大阪弁」と言えば、人間国宝であった今は亡き三代目「桂米朝」師匠がきれいな大阪弁を使っていた。同じ時代に活躍した上方落語の四天王と言われた三代目「桂春団治」、五代目「桂文枝」、六代目「笑福亭松鶴」師匠なんかも、少し味は違うけど、まともな大阪弁を使っていた。

女優で言えば、今の若い人はほとんど知らんかもしれんけど、何年か前にNHKの朝ドラの「おちょやん」のモデルになった「浪花千恵子」の右に出るものはいないでしょう。奉公に出て苦労した彼女の使っていた「大阪弁」は典型的な「船場ことば」であったと思う。

他には月亭可朝という落語家か漫談師かわからんような芸人がいた。彼が歌った「ボインの唄」ちゅうのんは、ちょっと品がないけど大阪弁丸出しやった。

「ボインはお父ちゃんのためにあるんとちゃうで〜。いやホンマ、こらホンマやで〜」で始まる。

「ホンマ」というのは標準語で言うたら「本当」という事である。おそらく漢字で書いたら「本真」が当てはまるのだろう。

この歌はオッパイの小さな女がブラジャーしてたら、だんだんズレてきて知らん間に一周回ってしまうという茶化した歌である。最後は「一周回って元の位置イ〜、これがホンマのチチ帰るや〜おまへんか」というのである。ちなみに「オマヘンカ」というのは「…じゃないですか。」というぐらいの意味の大阪弁ダス。

ここまで「大阪弁」を上手に使いこなす芸人を何人かあげてきたが、最近テレビのドラマなんかを見ていると出てくる俳優さん、女優さんの大阪弁が上手になったと感心している。

昔は関東出身の俳優の「大阪弁」のセリフを聞いてたら、ものすごく違和感があった。特に大阪人はその辺に敏感やったと思う。ところが最近のドラマなんかを見てても全然違和感がなくなってきた。出演者が猛烈に練習しているのかもしれないが、おそらく関西出身のタレントが増えてきて「大阪弁」が全国的に一般化されてきたのも一因ではないかと思う。

その反対に大阪出身のタレントが変な「標準語」を使っているのが最近は耳につくようになってきた。

ことばを生業にしてる人は別やけど、我々庶民はそんなことあんまり気にせんと、気楽にいきまひょ。

大阪商人

船場ことばの話が出てきたので、ついでに、ここで商売の話をしよう。

商売のやり方は大阪と東京ではまるで違う。大阪では値札が付いていても必ず値切るのである。客は値札を見て「これなんぼになんねん？」という。

例えば大阪で家電の量販店に行って、掲げてある値札通り買う客はいてない。値札を指さしながら「ほんで、これなんぼになんねん？」と必ず聞く。すると店員は「〇〇円までやったら、下げられます。」という。ここで引き下がったら大阪人の名が廃る。「あと△△円までしてくれたら、今すぐ買うけどな。」という。すると店員は「ちょっと上司に相談してきます。」と言って勘定場の奥の事務所に戻って、いかにも上司に相談してきたような顔をして、「ほんなら、特別にこの値段にさしてもらいます。」と電卓をたたきながら客の顔を立てる。

昔は大阪の商売人の家には必ず底つきの大きな「算盤（そろばん）」があった。今は学校で「算盤」なんか教えてないかもしれんけど、昔は先生が黒板の前で大きな底つきの算盤を立てて持って、算盤の珠の動かし方を教えてたからある程度の年配の人にはわかってもらえると思うが、客が来ると値段を入れたその算盤を客に見せながら「これぐらいまでやったら負けときます」と言いながら、算盤の珠をはじく。すると客は「アカン、アカン、ここまで下げてくれへんか。」と言いながら珠を動かす。そうすると店の主人が「そら無理だっせ。ここら辺まででどないだす。」と客に算盤を見せて客が納得したらそれで商談成立。その風習がいまだに残ってて、大阪人は値切るのである。

大阪の商売人に「儲かってまっか?」と聞くと大概は「さっぱりワヤですわ。」とか「ぜんぜんあきまへん。」という返事が返ってくる。これはうっかり「儲かってまっせ。」と答えようもんなら「ほな、もっと負けてえな。」と言われるからである。せいぜい「まあボチボチですわ」と言うぐらいが関の山。「ボチボチ」と言われたらだいぶん儲かっていると思っておいたら間違いない。

「ワヤ」て言うのはどない言うたらエエかわからんけど「マトモや無い」というぐらいの意味で、もっと崩れてきたら「ワヤクチャや」という。

今はどうか知らないが、昔は香港や韓国、東南アジアの国で買いもんをするときは、思い切って言い値の半額ぐらいに値切ると、そうなる。という話を聞いたことがある。海外ではどうか知らんが、国内では東京人は値切るということをしない。それだけ正直だといえばそうなのかも知れんが、要はエエカッコしいなのである。

大阪人、特にオバちゃんは安く買ったことを自慢したがる。

「これ、なんぼで買うたと思う?」と聞く。聞かれたほうは、相手の顔も立てなアカンので「〇〇円ぐらいやろ。」とちょっと高めの値段を言う。そうするとオバちゃんは、鼻の穴をふくらませて「ちゃうで、△△円やで。」と得意満面で答える。聞いたオバちゃんは「ひぇ～安う～」と大げさに驚く。これがオバちゃん連中の円滑なコミュニケーションの秘訣である。

東京ではこうはいかない。「これいくらだったたと思う?」と聞かれたら、「かなり高かったんじゃない?」と返事をすると「そうなの、ブランド品だから〇〇円もしたのよ。」と得意そうに答える。「そう、やっぱりいいものだけのことはあるわ。」と言えば丸く収まるのである。

そこに大阪のオバちゃんが混じってて、「へ～、そら高いわ。私やったらもっと安う買うたげるのに。」なんて口を挟んだらえらいことになる。

とはいえ東京人がみんな高いものを買っているわけではない。最近の若い人は「アマゾン」だの「楽天」だのと言ったネット通販で安く買うのが主流になってきている。これで買うとホンマに安う買えるもんが多い。せやけど「オジン」や「オバン」にはその買い方がわからない。「いっぺん試したろ」思ってやってみるが、エエとこまで行っても画面にＩＤだのパスワードだのが出てくるともうお手上げである。そのうえ「セキュリティーコードを入れてください」などという無理な注文が出てくる。このごろは掃除機でもなんでも「コードレス」の時代やのに、何で「なんちゃらコード」なんて出てくるねん。と腹が立って大概はここで撤退するのである。

ネット販売や通信販売でエライ目にあったことがある。私の足は普通の男性の足よりだいぶん小さい23・5㎝である。この大きさの男性靴はなかなか売ってない。デパートをハシゴしてもない。ある時、新聞の広告に23・5㎝の紳士靴が出ていた。このチャンスを逃したら、また何時お目にかかれるかわからないので慌てて3足注文した。2、3日経って品物が配達されてきた。喜び勇んで履いてみるとどれもブカブカでちょっと歩いただけで脱げてしまう。

靴裏の寸法表示を確かめてみても、ちゃんと23・5と書いてある。しょうがないから底敷なんかを買ってきて敷いてみたり、分厚い靴下を履いてみたりしたが、やっぱり履き心地が悪い。どないもならんので泣く泣く新品の靴3足を捨ててしまった。せやから私は、特に身に着けるものは現物を見ないと信用しない。今は「メルカリ」とかいうネット上のマーケットがあって、格安で売りに出したらすぐ売れるらしいけど、悲しいかなそのやり方がわからない。とにかく「ネット音痴」は今の時代、どれだけ損しているかわからない。

もう一つ、私が困っているものがある。それは長袖のワイシャツである。私は普通の人に比べて袖丈が短い。誂えるときに採寸してもらったら、右77㎝、左76・5㎝である。今やワイシャツをいちいち誂えるほどの身分ではないので、これまで78cmの既製品を買って何とかしのいできた。ところが、この2、3年前から袖丈78cmのワイシャツがどこにも売ってないようになった。何でやろ。この2、3年の間にみんな手が伸びたんやろか？

街を歩いているときにシャツを売っている店を見つけたら必ず立ち寄って「袖丈78cmのシャツはないか？」と聞いてみたがどこにもない。もう仕事もリタイヤしてワイシャツにネクタイを締めていかなアカンようなこともほとんどなくなったので「まあ、エエか。」と我慢をしてきたが、ある時、泉北タカシマヤの中を歩いていたらワゴンの中に袖丈78cmのワイシャツが置いてあるのが目についた。しかも銘柄に「ピエール・カルダン」と書いてある。「ここで会うたが百年目」とばかりに3着買った。これは現物を見て買ったので、安心である。さっきも言ったように、めったにワイシャツを着ることもないので、これで死ぬまでワイシャツの心配はしなくて済むだろう。

何か脱線してしもたけど、話を戻します。

大阪弁で東京人が誤解する言葉に「考えときまっさ」、あるいは「ちょっと考えさしとくなはれ」と言うのがある。これは大阪の商売人がよく使う「やんわりとした断り」言葉である。

一生懸命交渉しても「考えときまっさ。」と言われたら、それでおしまいである。だから、なんぼ待っても返事はもらえません。せやから大阪人はここであきらめる。

ところが東京人は「考えとく」と言ったのだから考えてくれていると思ってしまう。大阪人は「もう断った」と思っているから何にも考えていない。そこら辺で大きな誤解を生むときがある。

私が会社勤めをして数年たったころ、おんなじ年に入って東京勤務になっていた同僚から電話がかかってきて「東京と大阪の同期生で熱海で同期会をやるけど出席しませんか。」と言う連絡があった（らしい）。そのころちょうど仕事も忙しく、とても熱海まで出かける余裕もなかったので、断るつもりでおそらく「考えとくわ」とでも返事をしたのだろう。そのまま忘れてしもていた。おそらく大阪の他の同期生も同じような返事をしたのだと思う。

ところが東京の同僚はそうはとらずに断りの返事がないから「ＯＫ」だと思ったのだろう。あとで聞いた話だが、熱海の旅館に大阪の同期生も含めて20人ぐらいの席を予約していたらしい。

当日になって東京の同期生だけが５、６人熱海に集まったが待てど暮らせど大阪からは一人も来ない。そのころは携帯電話なんて便利なものはなかったので連絡がつかず、結局、その５、６人で一杯飲んで帰ったという。

これなんかは東京人と大阪人の言葉の受け取り方の違いを如実に表している例である。

せやけど、どっちが悪いかと言うたらやっぱり大阪人のほうが悪かったんとちゃうかと今でも思っているのである。

英語では「YES」か「NO」しかない。あるいは「考えとくわ」は「PENDING」つまり「保留」である。保留という限りは後で返事をしなければならない。せやから英語では「考えとくわ」は通用しない。大阪弁特有のニュアンスである。大阪弁で「国際交渉」をして「考えとくわ」と言うて何にも返事せえへんかったらおそらく紛争になってしまうだろう。

大阪弁を正確に理解しようと思えば、相手の顔つき、その場の雰囲気なんかを総合的に見て判断するという「高等技術」が必要なのである。

大阪弁の無責任さを表す言葉に「知らんけど」と言うのがある。大阪のオバちゃん同士がしゃべっているのを聞いているとしょっちゅう出てくる。

「なあ、なあ、〇〇さんとこの奥さん、この間、戎橋筋を歩いてたら、若い男の子に声かけられてんて。それがなんぼ断ってもしつこう付いてきて困ったんやて。」

「あの奥さん若こ見えるからなあ。」「そや、ちょっと見たら30ぐらいに見えるやろ。せやけどホンマはもう50近いらしいで。知らんけど。」とこんな具合に使う。そうしておいたら、もしその話が後で嘘やとわかっても責任が逃れられるのである。知らんけど。

大阪はやかましい

東京から大阪へ帰ってきてすぐ気が付くことがある。それはなんや知らんけど大阪は「ザワザワ」してるということや。新幹線を降りて地下鉄に乗ったらすぐわかる。地下鉄のホームに下りたら、まず構内放送が「まいど地下鉄をご利用くださいまして、ありがとうございます。次にまいります電車は天王寺行でございます。中百舌鳥駅までご利用のお客様は天王寺駅で次の電車にお乗り換え願います。」と言うアナウンスが聞こえてくる。そのアナウンスが終わるか終わらないうちに「まもなく電車が到着します。危険ですから足元の黄色い線までお下がり願います。なお、小さなお子様をお連れのお客様は、お子様の手をしっかり握って離さないようにお願いします。」と注意をしてくれる。

と言っているうちに電車がホームに近づいてくる、すると必ず警笛が「プワ〜ン」鳴り響き、電車がホームに入ってくる。やがて電車が止まるか止まらないうちに「お待たせいたしました。天王寺行が到着します。乗り降りにはお足元に十分気を付けて、降りる方がすみましてから前の方から順序良くお乗りください。」と丁寧なご注意がある。そのご注意に従ってオズオズと乗り始めると、まだホームに2〜3人残っている状態で、「まもなくドアが閉まります。ご乗車の方はお急ぎ願います。」と尻を叩かれる。

ドアが閉まったのを確認すると、運転士は「プワ〜ン」と警笛を鳴らして電車を発車させる。

これでホームにおける一連の儀式が終わって「やれやれ」と思う間もなく、車内では「まいどご乗車くださいましてありがとうございます。この電車は…」とホームで聞いたのと同じメッセージを車掌が流す。ここまでが終わると車内には一瞬の静寂の時間が訪れるが、それも一瞬のことで、「つぎは○○駅、△△線にお乗りの方は次で乗り換えです。◇◇へお越しの方は次の駅が便利です。」と目的地案内までしてくれる。

さらに電車がホームに滑り込んでいくと、再び車掌の声で「○○駅○○駅、△△線乗り換え」と案内が入るだけでなく「なお、一番前の車両からお降りのお客様は、電車とホームの間が広くあいてますので、足元には十分お気をつけください。」と懇切丁寧な注意がある。

これだけで済めばまだいいほうで、それらの放送の間に、企業のコマーシャルが入ってくることがある。そうなれば、車内の静寂期間はますます限られてくる。だって、駅から駅までの所要時間は2分程度でその間にこれだけの放送があるのだから。

東京で生活していた時も、毎日のように地下鉄を利用していたが、ここまでのべつ幕なしの案内があったという記憶がない。初めのうちは地理に不案内なので、車内放送がなければ降りる駅は「次か、次か」とヒヤヒヤしながら乗っていた記憶はある。電車がホームに入るとき、出るときの「プワ〜ン」もなかったような気がする。

とにかく大阪は「他所もん」には親切なのである。

「大阪のオバちゃんは声が大きい」次はこの話をしよう。

週に2〜3回は「スポーツジム」に通って汗を流している。行ってみるとメンバーは、子育ても終わって、昼間は暇を持て余しているような「オバちゃん」と、退職して暇を持て余してるだけやのうて、何とか健康を維持して、家族に迷惑をかけんようにと涙ぐましい努力をしている高齢者の「ジイさん」が半々ぐらい。中には仕事の関係で昼間に時間が空いているような若者もチラホラいる。だいたいこれらのメンバーは決まった時間に毎日来ているようだから、たいがいは顔見知りになる。

ここで「男性」と「女性」の違いがはっきりと表れてくる。「男性」の場合は、なんぼ顔見知りや言うても、二、三の例外を除いて、顔を合わしても「オハヨウサン」か「コンニチワ」の挨拶をするぐらいで、他はほとんど話をしない。

ところが「女性」は違う。顔を合わせたとたん、挨拶もそこそこになんや知らんけど話し始めている。ジムのロッカールームは男女隣り合わせの部屋になっている。男性の部屋は何人おってもたまに一言、二言しゃべるぐらいで静かなもんや。ところが女性のほうは違う。何人おるのか覗いたことないから知らんけど、とにかくけたたましい話声が聞こえてくる。

しかも何がそんなに面白いのか知らんけど5秒おきぐらいに「ドッと」笑い声がする。別に盗み聞きしてるわけやないけど、大きな声やから勝手に聞こえてくるのを聞いていると、声が大きなる理由がなんとなくわかってきた。

とにかく「大阪のオバちゃん」はどんな話にでも「イッチョカミ」（ちょっとでも参加）しようとする。せやから初めは知らん話題でも、それに入っていく機会を虎視眈々と狙っている。そこでちょっとでもスキがあったら、そこへ割り込んでいこうとする。そのためには相手の話が終わるか終わらんうちに声を挟まなければならない。つまり相手の声に負けんだけの声を張り上げないと主導権が握れない。だから声が大きくなるのである。

こうして無事、輪の中に入れたらそれを維持していかなければならない。維持していくためには、なんやようわからんかっても、みんなが笑うところでは一緒に笑わなければならない。せやから5秒ごとの笑い声になるんと違うやろか。


このジムにはいろんな筋トレ用のマシーンがおいてあって、みんな思い思いのマシーンに向かって一生懸命体を鍛えてる。「筋肉は鍛えさえすればいくつになっても増える」とよく言われるけど、私なんかもうかれこれ9年余りこのジムに通ってマシーンに向かってトレーニングしたり、合間合間には「筋肉増強のプロテイン」を飲んだりしてるけど、9年間ほとんど体重は変わらず、筋肉量も増える気配がない。もうマッチョな体になって誰に誇れるわけでもないが、それでもこりもせず続けているのはちょっとでも体の衰えを遅らせられたらという切ない思いと、筋トレは「ボケ防止」に有効だと聞いているからである。

ところでこのマシーンでの筋トレルームの隣には、いろんな種類のエクササイズをトレーナーの指導で行う部屋がいくつかある。どんなことをやってるか言うたら、40人ぐらいが集まって「フィットネス体操」やら「ダンス」やら「ヨガ」やらそのほかにもいろんなレッスンが30分ぐらいずつの時間割で、スケジュールが組んであるらしい。

いずれもスマホのアプリによる予約制だそうで人気の科目には希望者が殺到し、新たに予約を取るためにはスマホを用意しておいて、予約時間が来たら間髪を入れずにボタンを押さなければ失敗する、とまるで人気アーティストのコンサート予約並みの努力をしなければならない、とジイさん同士がしゃべっているのを聞いた。

私にはそんなにまでして努力する気はサラサラないし、もとより、団体でみんなに合わせて体を動かすのは苦手なほうなのでやったことはないが、どうやらどの科目も大部分が女性で、男性はチラホラしか混じっていないらしい。時折、開けられたドアの隙間などから覗いてみると、音楽とインストラクターの指導に合わせて、皆さん必死に体を動かしているのだが、リズムに乗ることができずオタオタしているのは男性のほうである。私も、もしその中に入ったら同じような醜態をさらすことになるのだろう。だからやらない。

さて、問題は、その30分ほどの「レッスン」が終わった時である。「レッスンルーム」のドアが開けられたとたんに「いったい何事が起ったのか」と思うぐらい、出てきた40人ぐらいのオバちゃんが、まるで30分のレッスンの間、腹にため込んでいた「言葉の塊」を一気に吐き出すように一斉にしゃべり始めるので、周りは「喧噪」の渦に巻き込まれる。それも口々に違うことをしゃべっているので、何を言っているのかさっぱりわからない。その集団が次の「レッスン場」に異動していく様は、まるでスズメバチの大群が移動していくようである。

その大群の中にチラホラ混ざっている男性は、目を白黒してぽかんと口を開けて流れに身を任せている。

何でオバちゃんはあんなに次から次へと言葉を製造し続けられるのだろう。これは男にとって永遠のナゾだろう。

その答えの一つに大阪のオバちゃんの話には「オノマトペ」が多いことがあげられる。

「オノマトペ」て何や?

日本語で言うたら「擬音語」「擬声語」「擬態語」をまとめて意味するフランス語やそうや。

例えばこんな風に。

「昨日な、道歩いてたら急に雨がザーザー降ってきてな、傘持ってたからさしたろおもて広げてみたら穴が開いててジャジャモレや。おかげでパンツまでビショビショになってしもたわ。帰ってからドライヤーでブワ～ッと乾かしてみたけどなかなか乾かんもんやなあ。しょうがないから風呂にザブンと浸かってるうちに乾燥機にかけといたらピシッと乾いてたわ。」

わかりまっしゃろ。せやから口数が多く、にぎやかになるんや。

大阪人は「せわしない」

大阪の人間は「せわしない」とよく言われる。「せわしない」とは標準語で言うたら「せっかち」とか「あわただしい」と言うぐらいの意味である。

ホンマかどうか知らんけど、大阪人の歩く速さは徳島県人の倍はあると言われている。

そう言うけど私なんか街を歩いていると歳のせいか足が短いからか知らんけど、私よりチッコイ（小さい）女にもどんどん抜かれていく。あとを追いかけながら歩数を数えたら私の方が多い。ということは私の方が足が短いということっちゃ。せやから余計に腹が立つ。「狭い日本、そんなに急いでどこへ行く」と言うようなことばがあったけどホンマやで。

大阪人のしゃべり方も「せわしない」つまり早口やとよく言われる。大阪の商売人がよく使う言葉に「まいど」と言うのがある。これは「毎度ありがとうございます」のあとの「ありがとうございます」を端折っているのである。もうちょっと丁寧に言うたら「まいどおおきに」になる。大阪人は礼を言うときも「おおきに」で済ます。これも「おおきにありがとうございます」の後の方を端折っているのである。

大阪人は相手の状態を聞くのに「どないでっか?」という。これは「どうですか?」という意味である。相手との関係が親しくなるにしたがって「どないでっか」が「どない?」となり目下になると「どや?」で済ます。この言葉は商売で相手の状態を探るときにも使えるし、病院にお見舞いに行って体調を聞くときにも使える。

大阪人の言葉の短縮の仕方に「す」抜きと言うのがある。さっき言うた「どないでっか?」と言うのも「どないですか」の「す」抜きである。「…しますか?」と言う言葉も大阪人に言わせると「…しまっか?」となる。「どこそこへ行きますか?」は「行きまっか?」となり「行きます。」と答えるときも「行きま。」と「す」抜きになる。

買い物に行って目的の品物があるかどうかを聞く時も「ありますか?」の「す」を抜いて「ありまっか?」になりさらに短縮して「おまっか?」と言う時もある。その答えとしては「あります」の

「す」を抜いて「ありま。」と答えるし「おまっか?」に対しては「おます。」と答えるが、ここでも「す」を抜いて「おま。」で済ます場合もある。

大阪人は「おもしろい」と言うのを「し」を抜いて「おもろい」と言うことが多い。「おもしろい人やなあ」は「おもろいやっちゃなあ」と言う。逆に「おもしろくない」は「しょうむない」と言う。「そうですか」は「さよか」。これは漢字で書いたら「左様か」となり、時代劇に出てくるような言葉を短縮したものである。

「しょうむない」は漢字でどう書くか知らんけど辞書を引いても出てこないから、おそらく大阪弁やと思う。そのほか「仕方がない」は「しょうがない」、さらに変化して「しゃーない」となる。また「おいしくない」ことを「味ない」、「もみない」あるいは「もむない」と言う。こんな風に大阪弁はいろんな言葉を短縮してしゃべるので早口に聞こえるけど、一音づつ聞いてたら決して早いことはない。むしろ私の偏見かもしれんけど船場ことばなんかはゆったりしたもんやと思うてる。

大阪人は地名でも省略する。「上本町六丁目」は「上六」、「谷町四丁目」は「谷四」、「天神橋筋六丁目」は「天六」、「道頓堀」は「トンボリ」てな具合に。(「てな」は「というような」の略)

この地名の省略で東京から来てエライ目に合うた人が居てた。

大阪難波から八尾の方へ行こうと思って大阪の人に道順を聞いたら「難波から近鉄に乗って上六で大阪線に乗り替えたら八尾に行ける。」と言うので言われたとおりに難波から近鉄線に乗った。初めてのことだからと、駅に止まるたびに駅名看板と車掌の案内に注意していたがいくら乗っても「上六」と言う駅がない。そのうちに30分ぐらい経ってとうとう奈良についてしまった、と言う。そらそうや。駅名看板を見ていても、車掌の案内を聞いていても「上六」と言う名前はどこにも出てけえへん。

道順を教えた大阪人は、親切に教えてあげたと思ってるから始末に悪い。

「天六」と言う地名で思い出すのは1970年4月に起こった「天六ガス爆発事故」である。この事故は地下鉄谷町線の工事中に、地中に埋設されていたガス管を移設しようと思ったらガスが漏れていたのか、ガスの匂いがするので、工事関係者が「大阪ガス」に連絡した。

数十分後に大阪ガスのパトロール車が現地に到着したところ、その車のエンジンのスパークが充満していたガスに引火したらしく大爆発を起こした。

工事場所は地下を掘るために地表には「覆工板」と呼ばれる鋼製の板が敷き詰められていたがそれらが爆風のために吹っ飛び、近隣住民や工事関係者など70人が死亡し400名あまりが負傷するという大惨事となった。その中にはガス漏れでみんなが騒いでいるので、何事かと見に集まっていた野次馬もだいぶん含まれていたらしい。

今でこそ危険の可能性がある場合は、直ちに規制線を張り近づけないようにするが、当時は工事に対する安全意識と言うものが今ほど重視されておらず、被害が拡大したものと思われる。

事故と言ったら２００５年（平成十七年）４月25日に起こった「ＪＲ福知山線（通称　宝塚線）脱線事故」もすでに20年近くたっているが、まだ生々しく記憶に残っている。

この事故は「ＪＲ福知山線」の「塚口駅」と「尼崎駅」の間で起こった事故なので、正確に言ったら大阪での事故ではないけどあまりにも悲惨な事故だったので伝えておこうと思う。

この日の午前9時18分ごろ、塚口駅の南約１km、尼崎駅の手前約１・４kmのところにある制限速度70km／ｈのカーブに宝塚発　学研都市線経由の同志社前行の快速電車が１１６km／ｈの速度で進入して前5両が脱線した。そのうち4両は完全にレールから脱落したが先頭の2両が、線路脇の分譲マンションに激突、１両目はマンション１Ｆのピロティ部の駐車場に突入、２両目はマンションの横壁に激突したところへ線路から逸脱してきた3、4両目に挟まれて完全に圧壊、１、２両目は原型をとどめないほど大破した。この事故による死者は乗客、運転士を含めて１０７人、負傷者は５６２人に上る大惨事であった。

この事故の状況はテレビでも繰り返し、繰り返し報道され事故の被害者やその関係者はもちろんのこと、一般市民にも非常な衝撃を与えた事故であった。なぜこのような事故が起こったのか。

当時、ＪＲでは列車の運行時間順守に非常に厳しい規則があり、運転士が駅でオーバーランしたりして列車に遅れを出したりした場合は、「日勤教育」と称する厳しい制裁が科せられていた。この時の列車も何十秒かの後れを出していて、運転士はそれを取り戻そうと制限速度を大幅に超える速度でカーブに入ったためこのような事故を起こしてしまった。

この事故から約二十年を迎えようとしているが、いまだに事故の後遺症に苦しんでいる人が何人もおられるようである。厳しすぎる規則、行き過ぎた指導による不祥事は今も後を絶たない。この時以来、「パワーハラスメント」などの言葉が一般化し世間の見る目も厳しくなった。それ以降も大きな災害は起こっているが、せめて人為的な事故による犠牲者だけは出さないようにしていきたいものである。

ちょっと深刻な話になってしもた。ここで元のペースに戻そう。

これも昔の話やけど「てなもんや三度笠」という喜劇がテレビで大流行したことがある。この「てなもんや」も「というようなものや」の略である。「てなもんや」と「三度笠」がどう結びつくんか大阪人でもわからんけど、大阪人はなんでもエエからオモロかったらいいのである。「藤田まこと」、「白木みのる」、「財津一郎」の３人が演じる「ドタバタ喜劇」がお茶の間の人気をさらっていた。

藤田まことの「俺がこんなに強いのも、当たり前田のクラッカー」と言うコマーシャルは、このころの流行語であった。

大阪人は「てなもんや」と言う言葉をよく使う。こんな歌、知ってる人はもうあんまりいないやろけど、「道頓堀行進曲」という歌があった。

その歌詞のおわりに「てなもんやないか、ないか道頓堀よ」というところもあった。これも意味がようわからん。ようわからんでもとにかく「オモロかったらええ」のが大阪人や。

もうちょっと新しなったら「天童よしみ」が歌とてた「とんぼり人生」というのもある。

「とんぼり」と言うのは前にも書いたけど「道頓堀」の省略形や。とにかく大阪人は縮めるのが好きや。

「道頓堀」いうたら日本における「ジャズ」流行の最先端を行ってたことを知ってる人はあんまりおらんやろ。1923年（大正十二年）9月1日に起こった「関東大震災」で東京は壊滅的な被害を受け、多くの人が関西に逃れてきた。その中には芸能人も多く含まれていた。

そんな中で作曲家「服部良一」が道頓堀を中心に活躍し「ジャズ」を流行らせたという。

「服部良一」と言えば「笠置シズ子」と組んで「ブギ」を流行らせたことでも有名だが、「ジャズ」

の普及にも多大な影響を与えたことでも有名である。

現在、「うどん屋」として有名な「道頓堀今井」は当時楽器屋で服部良一もよく出入りしていたそうや。


話は変わるけど、最近の「漫才」はイッコもおもろない。（「イッコも」と言うのは「一個も」と言うのが変化したものか、一向にが変化したものか知らんけど。）。なんでおもろないかいうたら、早口でまくし立てる漫才が多なったからや。これは私も歳のせいか耳の感度が悪なって聞き取りにくいこともあるからかもしれんが、大阪弁は早口でしゃべらなアカンと思てるからやないやろか。

昔のことばっかり言うて申し訳ないが、「夢路いとし・喜味こいし」や「ダイマル・ラケット」の全盛期の漫才なんかは話がゆったりしていておもろかった。漫才でも落語でもそうやけど、話の合間に客が笑う「間」と言うものを大事にせなアカン。ところが今の若手の漫才や落語は、客に笑う隙を与えないぐらい速射砲みたいに言葉がボンボン飛び出してくる。

せやから聞いているだけでシンドイ。（中にはおもろいのもあるけど）これは1980年代の「漫才ブーム」でテレビで「漫才」をやる機会が増えたからやないかと思てる。テレビの場合は秒単位で時間正確に終わらなアカン。せやからせわしなったんやと思う。

去年プロ野球で「阪神タイガース」が38年ぶりに日本一に輝いた。これによっていっぺんに岡田監督の言動が注目されるようになった。彼は確か大阪の北陽高校から早稲田大学へ行って、阪神に入団したんやったと思うけど、入団したとたんに阪神のクリーンアップを務めるなど大活躍をしたが残念ながら優勝の機会にはあんまり恵まれなかった。

せやから一昨年阪神の監督になってからは「優勝」と言う言葉を封印し「アレ」で押し通した。それが効いたんかどうか知らんけどシーズンに入った途端快進撃し「アレよアレよ」という間に優勝だけにとどまらず、日本一まで獲得した。シーズン中から彼のインタビューでの大阪弁の話しぶりも注目を集め、連日のように新聞紙上をにぎわした。

記者が何かを言うと「そらそうよ。そんなん当たり前やん」と言う返事が良く返ってきた。言外には「アホな質問すんな。」と言う嫌味が含まれていたのかもしれん。また言葉の間に「うぉ～ん」と言うことば？　がよく記事に示されていた。これはちょっと間をおいて考えている時か、自分の言った言葉を再確認するときに使っていたようだが、これを「う～ん」ではなく「うぉ～ん」と表現した記者も、大阪弁のおもろさをようわかってるなあと感心したのである。

最近、テレビで甲子園での阪神の試合を見ていると、客席の阪神ファンがそれぞれひいきの選手の名前を書いたタオルを掲げて応援しているが、中には「うぉーん」と書いたタオルを掲げているファンも多く見かけられる。

これなんかも部外者から見たら「なんのこっちゃ」と思うやろけど、阪神ファンにとってはそれで充分意味が通じるのである。「うぉ〜ん」のタオルを振ってるだけやったらええけど、とにかく阪神ファンはやかましい。ラッパ、太鼓、手拍子を打ち鳴らし、絶叫するような大声を張り上げて選手を応援する。これは、何も「甲子園」だけやのうて、相手の球場でも同じことや。テレビなんかで聞いていたら、相手チームのファンより声が大きい。

勝ち試合の後での選手へのインタビューを聞いてると、この応援が心強かったと大概の選手は言う。ところがこの応援も、時にはマイナスに働くこともある。特に負け試合なんかでエラーをしたり、三振したりすると、激しい「罵声」が飛んでくる。これには味方の選手も腹を立てたり落ち込んだりすることも多いという。

いつやったか忘れたけど、「金本選手」が外野を守っていた時に、スタンドから物を投げつけられ、怒った金本選手が、それをスタンドに投げ返したという事件があった。これぐらい阪神ファンは熱くなってくると見境が無くなるけど、時には聞いていて思わず吹き出してしまうようなおもろいヤジもある。

とにかく「オモロかったらええ」大阪人の気質がこんなところでも発揮されているのである。

大阪のプロ野球

プロ野球の話が出てきたので、ここで大阪のプロ野球球団の歴史について話しておこう。と言うてもそんなに詳しいわけやないから、全部正しいかどうか責任は持てまへん。

私が知ってる限り大阪を本拠とする球団は、昔は4球団あった。

セリーグでは「阪神」、パリーグでは「南海」、「阪急」、「近鉄」といずれも「私鉄」を母体とする球団や。おまけにパリーグでは6球団のうち3球団が大阪の私鉄の球団やったから人気が分散してしもて、これがパリーグの人気を下げる原因になってたと思う。

セリーグの方は、日本のプロ野球で一番歴史が古い巨人が東京のチームやから、大阪人としてはいやがうえにも阪神かパリーグの3球団のファンにならざるを得ない状態やった。

そのころはプロスポーツと言っても野球ぐらいしかなかった。だから小学校も高学年になった子どもたちに「将来何になりたい?」と聞いたら「プロ野球選手」と答える子が多かった。私自身、そんなに野球に興味があったわけではなかったけど、周囲の友達と話をしていると「どこのファン?」という話題がよく出てきた。何でか知らんけどそんな話をする友達には「南海ホークスのファンや」、という子が多かったので、付和雷同型の私は「俺もや」と言っているうちにいつの間にか「南海ファン」になっていた。

ちょうどそのころ、一番上の兄に連れられて、今はない「大阪球場」に南海の試合を見に行ったことも影響していたのかもしれん。まだ家にテレビがなかった時代やから普段はラジオでナイター中継を聞いていた。今では考えられへんけど、ラジオで聞いているだけで自然と相手チームも含めてメンバーの名前を憶えられた。

やがて家にもテレビが入って、それまでラジオで名前しか聞いてなかった選手が目の前で見られるようになった。その頃も「巨人」の人気は圧倒的でテレビ中継も「巨人の試合」が中心に組まれていたので、南海を含むパリーグの試合はたまにしか見られなかった。

なんと言うても「巨人」の親会社は「読売新聞」やし、テレビも日本テレビを中心に全国ネットを持っていたから、どんな地方に行っても「巨人」の試合は見ることができる。せやから全国に巨人ファンが広まっているのは当たり前やった。もうちょっと後になるけど「巨人・大鵬・卵焼き」という多くの人が好きなものの名前を並べた言葉がはやった。

こうなってくると、根っからの大阪人である私はどうしてもアンチ巨人にならざるを得なかった。それまで「南海」はパリーグで何回も優勝はしてたけど、「日本シリーズ」ではいつも「巨人」に負けて「日本一」にはなれなかった。

そんな中で昭和三十四年（１９５９年）、南海と巨人が日本シリーズで対戦することになった。当時巨人には「長嶋」、「王」という二枚看板が居たし、ピッチャーには「藤田」という絶対的なエースがいた。一方南海は「野村」がキャッチャーで5番という重責を担い、（何で4番やのうて5番か言うたら、彼を4番に置いたら、敬遠されてしまうので4番には「杉山光平」というアベレージヒッターを置いて出塁させ、野村で還すという鶴岡監督の考えやった。

長嶋と同期で南海に入団した「杉浦」がこれまた絶対的なエースとして活躍していた。しかし全体的にみて、巨人の方が圧倒的に強いと見られていた。当時、巨人の4番を打っていた長嶋は立教大学の三羽烏の一人と言われ大学在学中から六大学野球でも活躍し、巨人に入ってからもはでなパフォーマンスでミスタープロ野球と言われるほどの人気を博していた。

一方。南海ホークスの4番野村は、京都府の片田舎「峰山高校」の出身で、南海にテスト生として入団した苦労人で、キャッチャーという要のポジションを担いながらも「三冠王」を獲得するなど打撃部門でも活躍しながら、長嶋には人気の面で到底及ばなかった。

当時、野村は「長嶋が太陽のもとに咲く大輪の向日葵なら、俺は日陰にひっそりと咲く月見草や」と自虐的な言葉を残している。このような二人を要するチーム同士の対戦なので、下馬評では圧倒的に巨人有利と出ていた。

ところがふたを開けてみると、なんと南海が巨人に4連勝して日本一になるという離れ業をやって見せた。そこには今では考えられないけどピッチャー「杉浦」が4連投4勝という快挙を成し遂げたことも見逃せない。

何でそんな無茶なことができたかというと、当時は今みたいに投手が先発、中継ぎ、抑えというような役割分担が明確でなく、エースと呼ばれるピッチャーは完投するのが当たり前で、下手すると「ダブルヘッダー」で2試合とも投げるのも当たり前の時代やった。

それに加え当時の南海の監督「鶴岡一人」は戦前から南海一筋でプレーし、監督を10年以上も務め、みんなから「親分」と言われるほどの権力者やったから、だれもその命令には背けないような存在やったからである。彼は悲願であった巨人を倒し日本一になった後の優勝パレードで涙を流して喜び「涙の御堂筋パレード」と後々までも語り継がれた。

当時各球団には、この杉浦のような絶対的なエースが存在した。パリーグで言うたら「西鉄ライオンズ」の稲尾投手。彼も昭和三十二年やったか三年やったか忘れたけど、日本シリーズで巨人を相手に西鉄が3連敗した後、彼が4連投して4連勝し日本一に導いた。この時西鉄ファンの間では「神様、仏様、稲尾様」と言われてあがめられた。

そのほか阪急には「米田」、「梶本」というエースが居たし、「大毎オリオンズ」には「村田兆治」というエースもいた。またセリーグでは弱小球団であった「国鉄スワローズ」で400勝以上という前人未到の成績を残した「金田正一」というピッチャーもいた。彼らは年間、30勝以上上げるのは当たり前の時代であった。

今も各球団にはエースと呼ばれるピッチャーはいるけど、年間20勝挙げる投手はまれで、15勝も挙げればエースとして認められている。

その後、南海は昭和三十九年にパ・リーグ優勝を果たすも、日本シリーズで阪神タイガースに敗れ、翌四十年、四十一年の日本シリーズでも読売ジャイアンツに敗れ日本一を果たせなかった。その後、昭和四十八年には「野村克也監督」の元、当時パ・リーグで採用されていた「プレーオフ」で勝ち残り、再び「読売ジャイアンツ」と対戦するも敗れ、それ以降優勝はない。

彼はその後「ヤクルト」、「阪神」、「楽天」などの監督を歴任し阪神では優勝できなかったが、ヤクルトや楽天を何度も優勝に導いた。彼のチーム作りで特徴的なのは、他チームで見放されたような選手をとり、あるいは自軍の2軍の選手を見出し再生させて活躍させたことから当時彼のことは「野村再生工場」と言われた。彼の野球はキャッチャーとして培われたデータを駆使する「ＩＤ野球」と言われもてはやされた時期もある。

彼の野球に対する考え方は大学ノートに細かく記録されていて、のちに「野村の考え」や「敵は我にあり」という本として出版されている。彼の言葉に「勝ちに不思議の勝ち無し、負けに不思議の負けあり」というのがあるが、指導者としての心得として今でも引用されている。

一方「ミスタージャイアンツ」とか「ミスタープロ野球」と言われ人気ナンバーワンの「長嶋茂雄」には現役引退時の「後楽園球場」でのあいさつで「巨人軍は永遠に不滅です」と言った言葉ぐらいしかないが、この言葉が「巨人ファン」を魅了し、ますます彼の人気を後押しした。彼はその後巨人の監督に就任し、何度も優勝させるなど監督としての手腕も高く評価されたが残念ながら脳梗塞のため半身不随になってしまったが、それまでの貢献が評価され、今も「巨人軍」の「永久名誉監督」として影響力を発揮している。

だいぶん私の「南海ホークスファン」から話がずれたが、低迷が続いていた南海ホークスは昭和四十七年、「ダイエー」に譲渡され本拠地が福岡に移り、「南海ホークス」は完全に姿を消した。これにより私の「ホークスファン」も完全に終わりをつげた。

その後パリーグでは「阪急ブレーブス」や「近鉄バファローズ」が全盛期を迎えるが、あまりにもホークスファンであった期間が長かったので、簡単には乗り替えられなかった。このように一時期大阪を本拠とするパリーグの球団が勢いを増したが、いかんせん巨人を擁するセリーグの人気に太刀打ちすることができず、阪急、近鉄球団も他社に身売りしたり、合併したりして姿を消してしまった。それ以来唯一大阪を本拠とする「阪神タイガース」ファンとなったのである。阪神ファンになったころの阪神も「灰色の球団」とささやかれるほど成績は低迷し、甲子園球場もガラガラの状態が続いていた。

ところが１９８５年（昭和60年）「吉田監督」の元、日本一になるや、俄然それまで静かにしていた阪神ファンが俄然、勢いを盛り返し、それ以降「甲子園球場」は連日満員の盛況が続くようになった。

南海がダイエーに売却しようとしていた当時、南海ホークスの本拠地「大阪球場」は試合のある時でも閑古鳥が鳴くほどの寂れようであった。その後「大阪球場」はしばらくの間「住宅展示場」などに活用されていたが、2003年に商業施設「難波パークス」として生まれ変わり現在に至っている。

南海ホークスが根強い人気を持っていたのは、鶴岡監督の元、パリーグで好成績を収めてきたこともあるが、昭和四十年代に入って週刊漫画雑誌が大人の間でも人気になり、そのなかの一つ、「南海ホークス」を舞台にした水島新司作の漫画「あぶさん」や「ドカベン」の人気によるところも大きいと思う。今でも私のような年代のファンの集いがあるというから大したもんや。

プロ野球とサッカー

今、日本にあるプロスポーツの中では「サッカー」が一番人気らしい。私が子供の頃（昭和三十年代）には「サッカー」のプロチームなんかなかった。テレビが日本で放送され始めたころ、一番人気があったんは、スポーツと言えるかどうかわからんけど「プロレス」やった。

そのころは家庭にテレビなんかある家はほとんどなかったから、「プロレス」の中継のある時なんかは「街頭テレビ」、言うても今の人には想像もできんやろけど、公園の広っぱに3ｍぐらいの高さのやぐらを組んで、その上にテレビ（言うても今みたいな大画面のテレビなんかあれへんから、おそらく36インチぐらいのブラウン管テレビやった）が載せてあって、プロレスの時間になったらスイッチが入れられた。すると大勢の人がテレビの前に集まってきて必死になって「力道山」の応援をしたもんや。

そのほかのプロスポーツいうたら、「プロボクシング」と「プロ野球」それと一部の人にしか関心はなかったと思うけど「プロゴルフ」ぐらいやったんと違うかなあ。知らんけど。

「プロレス」や「プロボクシング」なんかは、言うても子供には危険すぎて無理や。「プロレスごっこ」なんかは学校で禁止されていたぐらいや。もちろん「ボクシング」なんかは、あんまり見る機会もなかったから子供の間では話題にも上らんかったと思う。ただ日本で初めて世界チャンピオンになった「白井義男」の名前ぐらいは知っていた。

「ゴルフ」なんか言うたら「別世界」の話や。せやから、子供たちの間でプロスポーツを楽しむ言うたら「野球」ぐらいしかなかった。

「サッカー」はボール一つと広っぱがあれば出来るけど、そのころは有名なチームも選手もいなかったから、せいぜい昼休みか放課後に運動場でボールの蹴りあいをするぐらいがせきの山で、中学生になって初めて「クラブ活動」があったぐらいやと思う。

サッカーに人気が出てきたのは、1993年やったと思うけど「Jリーグ」ができてからや。「サッカー」が普及しやすいのは、なんと言うてもボール一つあればできることやないかと思う。それに比べて「野球」はボールだけやなしに、少なくともグローブ、バットは要る。

ちょっと本格的にやろうかとおもたら、スパイクシューズ、野球帽、ユニホーム、キャッチャーのプロテクターなど結構金がかかる。せやからサッカーに比べて世界中に波及しにくい。

ここからは、「野球」と「サッカー」の違いについて、どっちもそんなに詳しいわけやないけど私の思うところを独断で述べてみたい。

「野球」は極端に言うたら「ピッチャー」と「バッター」の一騎打ちの勝負や。もちろん9人ずつのチームプレーであることはわかっているけど、勝負を決めるのはこの二人や。

たとえて言うたら「戦国時代」に他の軍勢が取り囲む中で、武将同士が「やーやー我こそは、…」と名乗りあって一騎打ちをする姿と似ている。せやから、一騎打ちに勝ったほうが、他の軍勢にも勢いがついてきて戦いの流れを引き寄せる。極端に言うたらピッチャーとバッターさえ見てたら試合の流れが見えてくる。

それに対して「サッカー」は軍勢同士が入り乱れて戦う集団戦みたいなもんや。せやから戦場が目まぐるしく動く。あっちこっちで小競り合いが起こるから選手の全体の動きを見てなかったら、うっかりしてたら肝心の点の入るシーンを見逃してしまう。

次に「野球」はその場面、場面に応じてとる作戦が無数にあるので、監督は、逐一作戦を選手に伝えなければならないし、観客は一球ごとに「俺やったらこうするのに」などと自分が監督になった気分で観戦することができる。おそらく「野球の監督」ほど頭と決断力を使うスポーツはないのではないかと思う。

例えば1アウト1塁の場面で、続く打順が2番の場合と4番の場合、7番の場合では攻撃の作戦も守りの作戦もおのずから違ってくるし、それぞれの選手の調子によっても変わってくる。

また守備側では、打者によってピッチャーの攻め方も球種もコースも一球一球変わってくるし、それによって野手の守備位置も変わってくる。何よりも一番難しいのはピッチャーの替え時である。相手の打者とピッチャーの相性もあるし、ひょっとしたら代打が出てくるかもしれないので相手チームの控えの選手の陣容と調子も頭に入っていなければならない。

こんな風に考えると野球の場合、それぞれの場面に応じて数種類の順列、組み合わせを頭に入れて作戦を組み立てなければならないし監督はそれを瞬時に判断しなければならない。

それに比べて「サッカー」では、監督が逐一の作戦を選手に伝える暇もないだろうから、試合の流れを見て、時折、選手を交代させたり、フォーメーションをかえるぐらいが監督の試合中の仕事だろうと思う。

さらに大きな違いは「ルール」の数である。詳しいことは知らんけど「野球のルール」は微に入り細に入り書かれてあるので、それのすべてに精通しているのは、おそらくプロ野球の審判資格を持っている数少ない審判ぐらいで、監督と言えどもルールの隅々まで知っている人は少ないんとちゃうかと思う。

一方、「サッカー」はこれも詳しいことは知らんけど、見ている限りそんなに複雑なルールがあるとは思えない。

他の競技で言うたら「野球」は「将棋」、「サッカー」は「囲碁」と言うような感じがする。「将棋」はそれぞれの「駒」によって動き方も違うし、働きも違うのに対して、「囲碁」の「石」はどれでも同じ働きであり、将棋に比べたらルールも簡単で、全員の力でいかに陣地を多く取っていくかで勝敗が左右するところなんかは「サッカー」とよく似ていると思っている。

いずれにしても、スポーツ観戦を楽しむには、「ファンチームがある」と言うことが必須である。ファンチームのないスポーツ観戦は、「賭け」のない「麻雀」なんかと一緒で力が入らない。私は「阪神ファン」だからそれ以外の試合はあまり見る気はしない。

最近は大谷選手の活躍で、日本の「プロ野球」よりも「大リーグ」のほうが人気があるようでニュースなんかでも「大リーグ」の試合は取り上げるが、日本の「プロ野球」の結果を取り上げることが少なくなった。日本人として「大谷選手」の活躍はうれしいが、大谷選手がホームランを打つ場面ばかり見て「何がおもろいねん」と私は思う。私としては「阪神タイガース」が勝ったというニュースのほうが数倍うれしいのである。

ここで「野球」というものが日本ではどれだけ日常生活の中に溶け込んでいるかを（特にビジネスの世界で）「野球用語」を例にとって説明してみよう。

仕事の中で「プレゼン」なんかをするとき誰が一番先にやるかを決めたりするとき「トップバッター」は誰にしようなどという。これなんかは明らかに野球用語である。そして重要得意先に営業するときなどは営業マンの中でも「エース」を派遣する。そして「ここぞ」の時に決めるのは「四番バッター」である。これで商談が成立すれば「クリーンヒット」であり、ライバル企業に大きく「先行」されているときに仕事を獲得できれば「逆転満塁ホームラン」なのである。また担当者が不調な時には「代打（ピンチヒッター）」を送るし、それで成功すれば「ファインプレー」である。逆にうまくいかなかったら「空振り三振」なのである。

仕事で相手と交渉するとき「ストレート」に仕事の話ばかりするのではなく、たまには「変化球」を投げてみるとうまくいく時がある。また取引先を一つに決めてしまう「一本足打法」では、何かあった時ににっちもさっちもいかなくなる時があるので、「広角打法」も必要である。このようにして「売上高」、「利益高」、「利益率」を上げれば「三冠王」である。

どうです。いかに「野球」が日本人の日常生活に入り込んでいるかがわかるでしょう。

もう一つ日本人の生活に密着しているスポーツがある。それは「相撲」である。どれだけ「相撲用語」が日常的に使われているか、ここで列挙してみよう。

プロジェクトの中に参加できることを「土俵に上がる」という。逆に仕事からはじき出されそうになることを「土俵際」で「俵に足がかかる」という。また、もう少しで商談成立という時には「押しの一手」で進まなければならない。ところが、うまくいきかけていたのが最後の最後で相手から断られ失敗してしまうこともあり、そのことを「肩透かしを食う」と言う。また順調にことが進んでいたのに、ちょっとした油断で形勢が逆転してしまうことを「小股をすくわれる。」ともいう。

商売は相手があってのこと。交渉の途中では少々のことは「我慢」しなければならないが、あまりにも理不尽なことを要求されたときには「物言いをつける」こともたまには必要である。これで相手を怒らせる場合もあるかもしれないが、粘り強く対応していけば「打っちゃり」で形勢が逆転することもあり、最終的にはこちらに「軍配が上がる」かもしれない。

とにかく勝負は土俵を降りるまでわからない。

こうしてみると、「用語」の上から見たら、日本人の日常に密着しているのは「野球」と「相撲」が双璧だろう。「相撲」は千年以上の歴史のある日本の「国技」であるから日本の日常に根付いていてもおかしくない。当たり前である。

「プロ野球」も日本で１００年の歴史を誇る第二の国技と言ってもいい。だけど、だけどである。最近はテレビのニュース番組で「プロ野球」を取り上げることが少なくなったのはなんとしたことだろう。

大阪の「くいだおれ」

「大阪の食いだおれ」、「京の着だおれ」、「東京（江戸）の履きだおれ」と言われる。「大阪の食いだおれ」と「京の着だおれ」はわからんでもないけど、「東京の履きだおれ」ちゅう（と言う）のは、も一つようわかりまへん。なんでも江戸には履物屋がギョウサン（たくさん）あったからや、という事らしいけど。せやけど今では履物言うたら神戸のほうが有名になって来たから、最近では「神戸の履きだおれ」という事が多いらしい。

それはともかくとして、「大阪のくいだおれ」について、ちょっと話をさしてもらいます。

そもそも「…だおれ」言うたら、「…道楽」と言い換えたらようわかってもらえると思うけど、「…に金をつぎ込んで破綻してしまう」と言うような意味らしい。

せやけど大阪人は普段はそんなに食いもんにぎょうさんの金をつぎ込むわけやおまへん。大阪いうたらすぐに頭に思い浮かぶのは「たこ焼き」「お好み焼き」と言うような粉もんか「きつねうどん」のような汁もんやと思うけど、どれもそんなに高いもんやあれへん。ほんなら何で「食いだおれ」と言うかと言うたら、出汁（だし）がうまいからや。せやから大阪の食の文化は「出汁の文化」ともいわれる。

大阪の料理の出汁は基本的には「昆布」と「鰹」でつくられる。先ほど言った「きつねうどん」の出汁も基本はこれである。ホンなら「たこ焼き」や「お好み焼き」はどないやねんと言うたらそのつなぎになる小麦粉も水で溶くんやのおて（なくて）出汁で溶くのが基本だす。

それに対して東京の出汁の主な味は醤油と鰹の味である。せやから大阪から東京へ行って「うどん」を注文したら出汁の色の濃さにびっくりする。これは何も「うどん」だけやあれへん。居酒屋なんかで「ブリ大根」や「高野豆腐」の煮物なんかを注文したら、大根や高野豆腐の色がホンマに濃い。最近は大阪の出汁も東京に波及して、だいぶん薄い色の料理が出てくるようになったみたいやけど、東京人の中には「なんか頼りない」と感じる人もまだまだ多い。これは決して大阪の料理の味が薄いわけではない。大阪では、特に煮物の料理をするときに、素材の色を損なわないように「薄口醤油」を使う場合が多い。この「薄口醤油」は色が薄いだけで塩分はしっかり入っている。せやから見た目以上に味は濃いのである。しかし東京では見た目で味を判断するから「薄口醤油」はあんまり普及しなかった。近年は大阪、東京の行き来が増えてきて、これもだんだん普及してきたように思う。

ところで「食いだおれ」と言うほど大阪人は普段はそんなに食べもんに高い金をつぎ込んでるわけやないという話をした。

例えば「船場汁」と言う料理がある。これは「鯖のアラ」と「大根の薄い短冊切り」だけが具材のすまし汁である。昔、私が小さいころは市場の魚屋に行ったら「鯖のアラ」なんかはタダでくれたもんである。せやから材料費はほとんどかかっていない。


一年のはじめ、お正月の三が日の朝は「お雑煮」を食べてお祝いをする風習が日本全国どこに行ってもあると思う。この「お雑煮」も地方によって内容がずいぶんと違うらしい。

大阪や京都、いわゆる上方では白みそ仕立てでお餅は丸餅を茹でて使う。これに対して関東やほかの地方ではすまし汁でお餅は切り餅を焼いて使う場合が多いと聞いている。

昔、私が子どもの頃の我が家では白みそ仕立てで丸餅を茹でて入れていた。しかも、船場汁の時に書いたように具材が質素なのである。地方によっては具材に人参、大根、ゴボウに里芋、かまぼこ、鶏肉やら豚肉などを「てんこ盛り」に入れたお雑煮を食べるところも多いと聞く。ホンマかウソか知らんけど四国の方ではアンコを入れたお雑煮を食べるところもあるという。

だいたいどこの家でも食事のルールは味付けも含めて主婦が主導権を握ってきた。だから、我が家では妻が切り餅を焼いて、鶏のささ身を入れ人参、大根、三つ葉など定番の野菜類を入れた雑煮で新年を祝う。これは妻の母が東京育ちだったので自然と関東風雑煮になったのであろう。これはこれでおいしいので私は文句は言わない。ただ子供の頃に親しんできた「白みそ仕立て」の「お雑煮」の味が思い出せなくなってしまったことに、少し哀愁を感じている。息子の奥さんは広島出身なのでどんな雑煮で新年を祝っているのか聞いたことがないので私は知らないが、こうして「家庭の味」と言うものは変化していくのだろう。

昔、私の実家では父や母が存命中は先ほども書いたように、白みそ仕立てで、丸餅のほか具材としては薄く切ったかまぼこと三つ葉が一茎入っているぐらいで、白みその中を箸で探らんとどこに具材があるのかわからんような雑煮であったと記憶している。それだけ質素なもんやった。これを「ケチ」とみるか、「上品」とみるかは人それぞれの主観の問題やけど、私なんかは負け惜しみかもしれんけど、これを「上品」とみていた。

これは日頃、食卓にあがってくる「味噌汁」を見てもよくわかる。きわめて偏見に富んだ見方で言わせてもらうと、概して地方へ行けば行くほど「味噌汁の具材」は多いように思う。

これは私に言わせれば、田舎風で決して上品とは思わない。

その証拠に少し気の利いた料理屋なんかで「味噌汁」を注文したら、そんなに具材がてんこ盛りで出てくることは「まあ、ない」。大概は「ジュンサイ」が汁の表面に少しだけ浮かんでいるとか、シジミ汁でも、椀の底にいくつか沈んでいるだけと言うのが多い。「すまし汁」でも同じである。大きめのハマグリが一つと添え物として「木の芽の葉」が一つ浮かんでいるだけと言う場合が多い。そもそも「吸い物」と言うぐらいやから、あんまり具材が多かったら「吸い物」とは言えないのではないか。せやから今でも私は具材の多すぎる味噌汁は苦手である。（何も上品ぶってるわけやないで。）

質素な料理として大阪には「鰻の半助」という料理がある。これは鰻の頭だけを焼き豆腐と一緒に似たもので、これも材料代はほとんどかからない。確か鰻の頭も昔は魚屋でただかそれに近い値段でくれたように思う。

も一つ「クジラと水菜のハリハリ鍋」と言う料理がある。今でこそ「クジラ」は捕獲量を制限されてるから高級食材になってしもたけど、昔は「牛肉」なんて高うて買われへんから、クジラで代用していた。「水菜」も野菜の中では安いほうやった。と言うように大阪の庶民の食事は質素なもんが多かった。

今では「クジラ料理」いうたら店も少なくなってしもて「高級料理」なってしもた。

クジラの話が出たついでにクジラを使った他の料理の話もしておこう。

まず「コロ」や。コロというのはクジラの皮に近いところの脂身から脂を抜いた「残りかす」みたいなもんや。また話が脱線するけど、昔、欧米人はクジラを捕獲してその油を燃料にしていた。せやから脂を抜いた後のもんは廃棄物やった。それを日本人（というても「大阪人」だけかもしれんが）は「コロ」という名前で「おでん」の具材に使うようになった。（ちなみに大阪では「おでん」のことを何でか知らんけど「関東煮（カントダキ）」と言うてた。）

せやから、そのころ「コロ」いうたら安い食材やった。私の子供の頃は家で「おでん」するいうたら「コロ」がいっぱい入ってた。ところが今では「コロ」もめったにお目にかかれない高級食材になってしもた。おそらく食べたことのない人は「何やこれ」と吐き出してしまうかもしれない。

それからもう一つクジラに関する食材の話。

「クジラのベーコン」。私らの子供の頃はこれを「クジラハム」言うてた。普通のハムは高級品やから、めったにおかずには出てこないでその代わりに出てきたのが、この「クジラハム」や。今でもたまに、居酒屋なんかの「つまみ」として「クジラベーコン」が載ってることがあるけど、そんなん注文するのは大概、子供の頃になじんでた味を思い出そうとする「後期高齢者」の爺さんばっかりや。それも今では結構な値段をとってる。

また話が脱線してしもたから元に戻そう。

他に大阪で旅行者なんかに人気があるのは「串カツ」である。これなんかは昔は肉屋の前か屋台の立ち飲み屋でコロッケなんかと一緒にペラペラの肉を揚げて売っていたが決して高いもんやなかった。ところがここ十年ほどの間に「インバウンド」とか言うて外国人が大挙して大阪に押し寄せるようになった。それに目を付けたのが「串カツ屋」である。しかも昔「屋台」で揚げて飲み客に出していた時と同じように、ブリキ缶の中に「ソース」をなみなみと入れて、客に共用で使わせるという方法まで復活させた。店に書いてある「ソースの二度づけ禁止」はそのころの名残や。またこれが「面白い」いうて客が集まるんやから、商売というもんは何が当たるかわからへん。

そんなわけで今では大阪の繁華街には「たこ焼き屋」、「お好み焼き屋」、「串カツ屋」が軒を連ねている。そのせいで「たこ焼き」も「お好み焼き」も「串カツ」もだいぶ値段があがってしもた。

さらに大阪で人気の料理言うと「うどんすき」と「てっちり」がある。「うどんすき」言うのは鍋の中にうどんと野菜、鶏肉、魚介類などを入れて昆布の出汁で煮たもので、「ポン酢」を浸けて食べる。大阪のうどんは「讃岐うどん」みたいに腰があって固い奴やのうて、柔らかい。そのくせ長時間煮ても型崩れをしない独特のうどんである。これも大阪の専売特許みたいなもんやったが、今では東京にも店が出てる。

次は「てっちり」の話。「てっちり」言うたら「ふぐ鍋」のこと。何で「てっちり」と言うかは大抵の人は知ってると思うけど、一応説明すると「ふぐ」は料理の仕方を間違えたらその毒に当たって死んでしまうことがある。「当たったら死ぬ」から「鉄砲」。鉄砲のちり鍋やから大阪人特有の言葉の短縮で「てっちり」になった。

同じように「ふぐの刺身」は「てっさ」と言う。「ふぐ」はだいたい下関の辺でよく獲れる。せやからふぐ料理は関西を中心に広まり、あんまり関東では普及しなかった。今でも東京で「てっちり」を食べよう思たらメチャメチャ高い。最近は「地球温暖化」の影響もあって北の方の海でも「ふぐ」が獲れるようになってきてるらしいから、そのうちに関東でも「てっちり」が手ごろな値段で食べられるようになるかもしれない。

「鍋もの」言うたら「牛肉のしゃぶしゃぶ」も欠かせない。この「しゃぶしゃぶ」の発祥の地が大阪やということを知らん人が案外多い。昔は牛肉いうたら「松阪牛」やら「神戸牛」、「近江牛」など関西が「和牛」の本場やった。せやから「牛肉」は今でも東京より大阪のほうが安うてうまい。「そんなことないで、東京でも銀座やら赤坂で食う肉なんかうまいで。」というかもしれんが、その代わり目が飛び出るほど高い。

そんなこともあって今でも東京で「肉」言うたら「豚肉」のことを指す（ことが多い）。大阪で

「カレー」言うたら「ビーフカレー」が出てくる。ところが東京では「カレー」言うたら「豚肉」が普通である。

「回転すし」の発祥も大阪である。今や「すし食いに行こか」言われたら「回転すし」を指すことの方が多くなった。大阪商人はなんでも一円でも安うできることはないかと知恵を凝らすのである。最近は人手不足と単価の切りつめのためか、この回転すしもどんどん自動化されるようになってきた。入店して席に案内するのも、パネルに表示されるし、注文も当然タッチパネルでやる。お茶もビールもセルフサービスで、我々年寄りは、「どないしたらええんか」席に着いたとたんに途方に暮れてしまうことが多い。下手したら、入店から退店まで、従業員と声を交わすことがない。なんだかサミシイ。

こうして自動化されたことをいいことにしてアホなことをする奴が増えてきた。回っている寿司のネタをなめて回転ベルトに戻したり、テーブルに置いてある醬油の容器をなめてもとに戻し、それらの行動をスマホで写して拡散させるというはた迷惑なことをやる奴や。こんなことをされた店は、商品の総入れ替えをしなければならないだけでなく客足も減少するという被害を受け、たまらず告発したところ数千万円の賠償金を払わされたアホもいたという。

そのほかにもコンビニでアルバイトをしていた店員が、冷蔵庫の中に入ったり、食堂の店員が食材をわざと床に落としてから調理している姿をカメラにとって拡散したり、世の中には「そんなことして、何がオモロイねん」と言うようなことを平気でする輩が増えてきたような気がする。「大人の幼児化」と言われて久しいが、こんなもん「幼児化」でもなんでもあれへん。単なる「犯罪」や。

すしの話が出たついでに「大阪すし」の話をしよう。大阪すしと言うのは握りすしと違って「箱すし」である。「押しすし」ともいう。箱すしと言うのは木でつくった枠の中にすし飯とネタを入れ中蓋で押し付けてネタと飯を一体化させてつくる。握りすしの飯が酢飯であるのに対して、大阪すしの飯は昆布を載せて炊いて作るから飯そのものに昆布の味がしみ込んでいる。だから大阪すしは作り立てのものよりも一晩くらい寝かせたものの方が出汁の味がしみ込んでおいしいという。この辺が「ジャパニーズ・ファストフード」と呼ばれるにぎり寿司と違うところや。

大阪すしのネタは主に鯖、小鯛、鮭、えびなどを酢でメたものを使う。そのうち鯖の上に味をつけた薄い昆布をのせたものを「バッテラ」と言う。この「バッテラ」と言う言葉はもともとポルトガル語で「小舟」と言う意味だそうである。なんで「小舟」やと言うたら、上に乗ってる薄くそいだ鯖が海に浮かんでる小舟に見えるからやそうな。

バッテラに載ってる鯖は普通に言う「鯖寿司」と違ごうて、鯖の半身をさらに2、3枚に削いで載せてある。せやから鯖寿司より材料代が節約できる。

削いである言うたら、その上に載ってる昆布も薄く削いだものを使っている。これは一枚の昆布を表から職人が堺の刃物を使って削っていって「とろろ昆布」や「おぼろ昆布」を作る。その残り、つまり昆布の芯の辺の昆布が薄く残ったものを塩漬けにして使っているので全く無駄がない。

堺の刃物はその切れ味で有名で、この堺の刃物があったから、大阪で「とろろ昆布」や「おぼろ昆布」がつくられるようになったという。

このバッテラだけやなしに「大阪すし」に載ってるネタは小鯛でも海老でも鮭でもみんな薄く削いで材料費を節約している。どこまでも大阪人の節約根性が表れている食べもんである。

大阪、特に船場では節約することを「始末する」と言う。だいたい「始末する」言うたら「後始末する」と言うように最後の片づけ、ケリをつけるような意味で使うことが多い。

つまり「後に残さんようにする」と言うこと。「船場汁」のところでも話したように、魚はアラまで料理に使う。鰻の頭まで使う「半助」も同じようなもんや。つまり「捨てるもんがない。」が始末の極意や。こうして食材は無駄にせん料理法、味で勝負するのが大阪の「食いだおれ」の特徴だともいえる。

大阪ではケチのことを「シブチン」という。「転んでもタダでは起きない」というのが大阪商人の鉄則やから無駄なことに金は使わない。だけどいつでも金を抱え込んでるわけでもない。「金を使うんやったら生き金を使え」とよく言う。つまりおんなじ金を使うんやったら他人様が感謝する、あるいはびっくりするような金の使い方をせえ」と言うこっちゃ。言い換えたら「死に金を使うたらアカン」つまり「日ごろは始末せなあかん」ということや。せやから鰻の頭でも鯖のアラでもなんでも料理してしまう。その代わりヘタしたらとんでもないことまでしてしまう。

だいぶん前の話やけど、大阪に有名な「料亭」がある。有名な店やから財界人やら政治家なんかが宴席によく利用する。特に政治家なんかは、宴席が一晩にいくつも重なるときがあるから、チョコッと顔だけ出して料理にも手を付けずに次の宴席に行ってしまう場合がある。そんな時、別に大阪人やのうても「もったいないなあ」と思うやろ。そこでこの店では手を付けてない料理を他のお客さんに「使いまわし」をした。そのことがバレて大問題になったことがある。これはまあ、許されんことやけど「もったいない」という気持ちはわからんでもない。

そこで、店側が「謝罪会見」をすることになった。オモロイのはここからや。

謝罪会見には店の亭主とその母親が並んで座った。記者席からは厳しい質問が次から次へと飛んでくる。若い亭主はだんだんとシドロモドロになってくる。

すると横に座っていた母親が亭主の耳元で「頭がマッシロになってしもうて、ようわかりませんとこたえ。」と小さな声で囁く。ところが前においてあるマイクがそれを全部拾って、テレビを見ていた人に全部筒抜けになってしもた。それからはこの母親は「ささやきオカミ」と言われて有名になってしもた。いかにも大阪人らしい笑い話や。

私ら庶民はそんな高級料亭にほとんど行くことがないから、そのあとどないなったか知らんけど、どうやらこの「ささやきオカミ」のおかげでまた復活しているらしい。

こんな風に大阪では「オモロかったら許す」というような風土がある。

「寿司」と「割烹」

料理の基本は「割烹」と言われる。「割烹」の「割」とは「包丁」で切ること。すなわち魚を「さばく」ことであり「烹」とは煮ること、すなわち「煮物」を作ることである。では「割」と「烹」とではどちらが難しいか。私は「烹」のほうがよほど難しく年季が必要だと思っている。もちろん「割」のほうも修行が必要で、同じ魚の刺身でも、料理人の腕前によって魚の切り口が違うし、味も違うような気がする。

一方、「烹」のほうは「割」に比べてはるかに多くのことを学び、経験しなければならない。もちろん、その中には素材の選び方を含む「割」も含まれるが、何よりも大事なのは出汁の取り方である。由緒ある料理屋ではそれぞれの店の味と言うものがあり、それを大切に守っている。しかし時代はどんどん変わっていくので伝統の味だけを墨守していたのでは時代に取り残されてしまう。

それを時代に、あるいは客の好みに合わせていくのが料理人の腕である。なんて偉そうなことを言っても、本当は私なんかに微妙な味の違いなんか分かるわけがない。最近、といってもだいぶんになるがテレビで「一流芸能人」による本物の「味の判別」みたいな番組があるが、それに出ている芸能人なんかは、おそらく金にも困っていないだろうし、それこそ一流の料理人による料理なども食べなれているだろうが、目隠しをして食べさせられたら「カニカマ」と本物の「ズワイガニ」を間違えるぐらいだから人間の舌の感覚なんて当てにならないものである。

そこで「味」の次に大事になってくるのが、料理の「見た目」すなわち「盛り付け」である。同じ料理でも「盛り付け」の仕方で全く違う。この方は味の微妙な差よりも素人にはわかりやすい。人間の五感の中で一番発達しているのが「視覚」だといわれている。だから「味覚」でわからないところを「視覚」で補うのである。一流の料理屋ほどこの視覚というものを大事にしているので、料理を盛り付ける「器」にも十分気を使っている。その最たるものが「京料理」である。京料理の店で出てくる料理は、どちらかと言うと味付けよりも、「見た目」で客を引き付けようとしているように思えてならない。

先に大阪の料理は素材の色合いを大事にするため出汁に「薄口醤油」を使うと書いたが、これは「京料理」のほうが元祖である。

一般的に見て「大阪料理」の欠点は「盛り付け」に京料理のような細やかな気遣いが見られないところである。この辺りに大阪人と京都人の決定的な違いが表れている。「大阪人」は「見た目」より

「実質」を重視する。つまり「見た目」なんかどうでもええから、「安うて、うまかったらええ」と言うのが大阪人や。もちろんこれは一般的な話であって、大阪でも一流の料理屋に行けば、見た目を大切にした料理を出してくれる。

「包丁一本　晒に巻いて　旅に出るのも　板場の修行…」60年ぐらい前に流行った「月の法善寺横丁」と言う歌のさわりやけど、昔の板前は「大阪の法善寺横丁」を皮切りに全国を修行して回ったという歌や。つまり板前は他所で修行して一人前になったら大阪に戻ってくるという話や。

さて、だいぶん「割烹」の話に時間を費やしたけど、この辺で「寿司」の話に移ろう。

東京で自慢の料理て何や、と聞いたら大概の人は「握り寿司」と言うのではないだろうか。

それだけに東京では「寿司職人」が大きな顔をしているように思える。

アメリカの大統領が来日した時も「○○次郎」やとか「銀座△兵衛」とか言う寿司屋で接待している。

しかし私から見れば、なんであんなに「寿司職人」が大きな顔をしてるんやろと不思議に思うのである。だって寿司と割烹を比べたら、極端に言うたら寿司職人は「割烹」の「割」しかやっていないように思えるからである。とはいえ、寿司屋でも煮物や吸い物は注文すれば出してくれるが、あくまでも脇役である。

私の勝手な思い込みかもしれないが、寿司職人の腕の見せ所は、新鮮なネタの仕入れと包丁の扱い、それにすし飯の酢加減ぐらいで割烹の板前に比べていかにも幅が狭い。その割に「寿司職人」の頭が高いのはどうしたことだろう。（頭だけやのうて値段も高い。）

私が思うに東京にはもともと誇れるような料理がなかったので「江戸前」などと言ってもてはやされているうちにおのずからそうなったのではないかと思う。

「そば」と「うどん」の文化

日本の麺類は大別して「そば」と「うどん」に分かれる。こんなこと言うと、そんなことあれへん「ラーメン」があるやないか、と言う声が聞こえてきそうである。

確かに「ラーメン」は北は北海道から南は沖縄まで、それぞれの土地で違ったラーメンがあるし、出汁の種類でも「塩」、「味噌」、「醤油」、「豚骨」、果ては「牛乳」、「コーン」など千差万別である。だけど所詮は出所は中国。いわゆる外来ものである。そんなことを言い出したら「パスタ」、「マカロニ」も入ってくる。味付けもトマトソースからホワイトソース、バター、オリーブオイルなどこれまたいろんな味がある。

その点、「そば」と「うどん」の出汁、は基本的には「醤油」と「昆布」「鰹」で薬味として「ワサビ」や「大根おろし」、「七味唐辛子」などいずれも日本独特のものである。だから日本固有の麺類としては「そば」と「うどん」しかない。

「そば」はどちらかと言うと信州や北関東、東北など寒冷地、土地のやせたところで栽培されていることが多い。一方「うどん」の原料は「小麦粉」であり今や、そのほとんどが輸入に頼っている。小麦粉のことを昔は「メリケン粉」と言ったように、多くはアメリカから輸入されていたので、神戸港は「メリケン波止場」と呼ばれていた時期もあった。

「窓を開ければ　港が見える　メリケン波止場の　灯が見える…」の「メリケン」や。

まあ、そんなことはどうでもええ。

さて「そば」から話をしよう。「そば」は「そばの実」を挽いて作られた「そば粉」につなぎとして若干の「小麦粉」に水を混ぜて捏ねて作る。これを「そば打ち」と言い、サラリーマンの趣味としても人気があった。大概は自分で自慢するほどの「そば」にはならないが…。

またそば粉の含まれる割合によって「三割そば」から「十割そば」まであり、そば粉の割合が多いほど「そばの香り」を楽しむことができるが、その代わり麺に粘り気がないので、食べるときに「ボロボロ」とちぎれやすく舌触りもよくない。（これは好き好きなのでどちらが美味しいなどと一概にいうことはできない。）

「そば」の食べ方もいろいろあるが、一番シンプルなのは打ち立ての「そば」を「つけ汁」につけて食べる「盛りそば」である。この「つけ汁」に「そば」を浸すのにも江戸っ子はうるさい。なんでも箸でつまみ上げた「そば」の尻尾のところをちょこっと浸けて啜るのが通の食べ方だそうである。したがって「そば」の「つけ汁」は「醤油」の味がよく効いている。

そばの尻尾をちょこっと浸けて食べるだけやから、そばを食べ終わっても「つけ汁」は大概余る。これが大阪の「うどんの出汁」みたいに「昆布と鰹」が主体の出汁やったらそのまま飲めるけど、「盛りそば」のつけ汁は、味が醤油主体やからそのままは飲めない。そこで大概の蕎麦屋では「蕎麦湯」を出してくる。大阪は「そば文化」と言うよりどちらか言うたら「うどん文化」やから、「うどん屋」でそばも出してるような店では「蕎麦湯」なんか出てこない店が多かった。せやから大阪人は器の中に残ってるつけ汁を「どないするんやろ」と後ろ髪をひかれるような思いで店を後にしたもんや。

そのころでも「そば」も売りもんにしている店では「蕎麦湯」を出してくれる店もあった。せやけど大阪人は慣れてないから、この「蕎麦湯」をどないしたらええんかようわからん。そのまま飲んでも、そばを湯掻いた後の残骸みたいで、口に入れてもちょっともおいしいことあれへんかった。しょうがないから、他の客を盗み見してたら残った「つけ汁」の中に注いで飲んでるので、マネしてやってみたけど、そんなにおいしいもんやあれへんと思たのは、まだまだ修行がたらんからやったんやろ。

大阪人は「昆布だし」のうどんを出汁ごと食べるのに慣れているから、「盛りそば」を食べるときも、ついつい「つけ汁」にどっぷりと「そば」を浸けてしまうので、「そば」は残ってるのに「つけ汁」が足らんようになって江戸っ子（東京人）からバカにされてしまう。逆に大阪人から言わせれば「つけ汁」に尻尾だけちょこっと浸けて「ボソボソ」したそばをすすって「何がうまいねん。」と首をかしげるのである。

そば屋のメニューには「盛りそば」と「ざるそば」があるが、どちらもざるの上に載せて出されてくるので、私は長年その違いが判らなかった。聞くところによると「盛りそば」の上に「刻みのり」が乗っているのが「ざるそば」だそうで、大概50円ぐらい「ざるそば」の方が高い。けどどちらも「一枚、二枚」と数える。

この盛りそばやざるそばは人によって湯搔き加減の好みが違う。通になればなるほど、私には「湯搔き足らんのと違うか?」と思うぐらい固ゆでのほうがおいしいという。

そういえば「パスタ」の専門店に行くと、有名な店ほどパスタの茹で加減が硬いように思う。蕎麦やパスタだけやのうて「うどん」でもそんな傾向がある。「うどん」と言えばあとで言うけど「讃岐うどん」。この「讃岐うどん」でも有名な店ほど「麺」が硬い。何事も「通」になろうと思えば咀嚼力が丈夫でなければなれないのかもしれない。

まあ冗談はこれぐらいにして

「そば」の食べ方にもいろいろあって、暖かい出汁に浸った「温そば」としてトッピングの種類、あるいは具材によって「天そぷらそば」、「にしんそば」、「鴨なんばん」などと名前も違う。この「温そば」の出汁の味も地方によってずいぶんと違う。大阪では「昆布と鰹だし」が主流だが地方に行くほど「醤油味」が勝ってくるように思う。

日本の麺類を大雑把に分けると「そば」は東日本が中心であり「うどん」は西日本が中心である。そしてその中間にある名古屋では「きしめん」と言う「うどんのようでうどんでない。」独特の平べったい麺類が挟まっている。「きしめん」の出汁も「関西風のようで関西風でない。…関東風のようで関東風でない…」「それは何かと尋ねたら」アア「きしめん・きしめん…」てなもんや。

さて、次は「うどん」の話をしよう。

「うどん」と言えば香川県の「讃岐うどん」が有名である。このうどんは独特のコシがあり好きな人は好きなようであるが、比較的柔らかい「大阪うどん」になれた私には、歯ごたえが良すぎて食べづらい。というわけで本場で讃岐うどんを食べたことは2、3度しかないので詳しいことは知らないが、聞くところによると釜揚げ仕立てのうどんに醤油をかけて食べるのが通の食べ方だそうだ。なんでも「通」と言うのはこだわりがあるようだが、あまり信用しない方が良いと私は思う。

一般的に「讃岐うどん」を食べに行くと、暖かい出汁に浸した「うどん」が出され、別のカウンターには、揚げ、海老のてんぷらはもちろんのこと、野菜のてんぷらやちくわのてんぷら、鶏のから揚げ、コロッケなど様々なトッピングが並んでいて、好きなものを自分のうどんの上に乗せて食べる方式になっている。

私はこの方式があまり好きではない。「うどん」と言えば、やや甘みをつけて煮た揚げを乗せた「きつねうどん」、海老のてんぷらが2匹入った「天ぷらうどん」、おぼろ昆布が乗った「昆布うどん」が「うどんの王道」であってそれ以外は「邪道」だと思っている。「月見うどん」なんかも、せっかくの「だしの味」が変わってしまうので「邪道」やと思てる。

せやのにうどんに「唐揚げ」やとか「コロッケ」なんかを乗せるとは何たることか。

だいたいおいしい出汁に浸った「うどん」の上に、その出汁を吸い取ってしまう「コロッケ」なんぞを乗せるなんて天を恐れぬ振る舞いに見えて仕方がない。まあ許される範囲としては、海老のてんぷら以外に揚げたての野菜のてんぷら、大葉のてんぷら、海苔のてんぷらなどが別のざるに盛られてきたのを、その都度、出汁に浸して食べるのや、餅の入った「カチンうどん」、あるいは出汁が少なくなってしまうのを厭わない「鍋焼きうどん」ぐらいで、私にとってはそれ以外は「邪道」である。

特に「カレーうどん」などは、注意して食べてもかならずワイシャツにカレーのシミが付くので「邪道」と言うより「犯罪」である。

ここで大阪と東京で呼び名が同じでも、中身が全然違う「そば」と「うどん」を紹介しておこう。大阪で「たぬき」と言えば「そば」の上に揚げが乗ったものを指すのに対し、東京で「たぬき」を注文すれば「うどん」の中に「刻み揚げ」の入ったものを指す。大阪ではそれは「刻みうどん」である。では「そば」の上に「揚げ」の乗ったものは東京では何と言うか。それは「きつねそば」である。大阪では「うどん」や「そば」の上に「揚げ珠」を乗せたものを「ハイカラうどん（そば）」と言うが東京ではそうは言わない。（何と呼んでいるのかは知らない）

このように麺類一つとっても、東京と大阪では文化が違うのである。

ついでに言うとくけど、大阪で「きつね」言うたら「きつねうどん」のことを指す。この「きつねうどん」も発祥は大阪やと言うことを覚えておいてもらいたい。

道頓堀

「くいだおれ」言うたら頭に浮かぶのは「道頓堀」である。昔ここには「くいだおれ」と言う大衆食堂の入ったビルがあって、その玄関先には赤と白のシマしま模様の服と帽子をかぶりまん丸の眼鏡をかけて首からぶら下げた太鼓をたたいている「くいだおれ太郎」と言う動く人形が設置されていて大阪の名物になっていた。そのころ「道頓堀」には「中座」、「角座」、「弁天座」などと言う「芝居小屋」がたくさん並んでいた。

ところが２０００年代の初めころに改修工事中の中座から火が出て、そのあたりが焼けてしまった。「くいだおれビル」もその時、焼けてしまった。それだけやなしに、そのちょうど裏筋にあたる「法善寺横丁」の何軒かの店も焼けてしもた。

その後建て替えられたビルは大衆食堂の「くいだおれ」ではなく、インバウンドによる外国人の増加などから「観光案内所」の入ったビルになってしもた。玄関先に設置されていた「くいだおれ太郎」も撤去されたが、結構ファンが多くしばらくの間、全国行脚にでていたようであるが、最近見たら前の位置に戻ってきている。

コロナの間はこの道頓堀の人出も少なくなっていたが、コロナに落ち着きが見られるようになって外国人観光客が増え、道頓堀も往年の賑わいを取り戻しつつある。

ここで「道頓堀川」についてちょっと紹介しよう。

「川」言うても天然の川ではなく東は「東横堀川」西は「木津川」をつなぐ人工の堀であり、その歴史は秀吉の頃に遡る。

「道頓堀川」と言う名前は、この川の開削を始めた「安井道頓」に由来する。（現在では「安井」姓ではなく「成安」姓であったという説が正しいとされている。）彼は私財をなげうって川の開削を始めたが、「大坂夏の陣」で戦死をしてしまい、事業は一時中断した。その後、大坂の陣によって大阪城を手に入れた徳川の大阪城代　松平忠明が道頓の親戚「道卜」に命じて事業を再開し、今の道頓堀川ができたという。今でも道頓堀通りを東に行って、堺筋との交差点（日本橋筋一丁目）に「安井道頓・道卜」の石碑が建ってるはずや。

この道頓堀川も昔は大阪の中心部の水運のかなめとして利用されていたようだが、明治になって大阪も人口が密集し様々な生活用水や工場用水が流されて下水のようになってしまった。

私が子どものころ、親戚の叔父さんに誘われてボートに乗せてもらった記憶があるが、ボートの縁をゴミが流れていたり、所々でメタンが泡吹いていたりと、それはそれは汚かった。

それでも１９８５年（昭和60年）、阪神タイガースが優勝した時は、大勢の阪神ファンが戎橋の上に群がり、興奮したファンが何十人もこの汚い「道頓堀川」に飛び込み、死者まで出る騒ぎとなった。その時は近くにあったKFC（ケンタッキーフライドチキン）の店の前に置いてあった、創業者「カーネル・サンダース」の人形も川に投げ込まれた。ホンマに大阪の人間は「イチビリ」出したら何をするかわからない。

それ以来、阪神タイガースは長い低迷期が続くようになり、人々の間ではこれを「カーネル・サンダースの呪い」と呼ばれるようになった。

その後、飛び込んでも大丈夫なように、と言うわけではないが、街の真ん中に汚い川が流れていては「水の都　大阪」の名が廃るということから大阪市が２０００年代初めのころから東横堀川に水門を作って大川の水を取り入れたり、両岸に遊歩道を作って水の浄化設備を設けたりして今では魚が住めるほど改善された。川の真ん中を「とんぼりリバークルーズ」と名付けられた遊覧船がインバウンドの人々を乗せて行きかい、遊歩道に設けられたテラスでは若者たちが食事を楽しむ観光地となっている。

また毎年6月末ぐらいやったと思うけど、大阪の「松竹座」で上演される「七月大歌舞伎」に出演する役者が船に乗ってきて戎橋あたりで上陸する「舟（ふな）乗り込み」という行事も復活し、歌舞伎ファンを喜ばせている。これは昔、歌舞伎に出演する役者が、道頓堀を舟で下ってきて岸辺に多く並んでいた芝居茶屋に上陸し、そこで支度をして舞台に向かうという風習の名残である。

インバウンドの人に人気のある観光地と言えば、この道頓堀川の岸に立つ「グリコの大看板」が有名である。この大看板も最初に取り付けられた時から何回もリニューアルされて、今、何代目か知らんけど、昔に比べたらだいぶん大きく鮮やかになった。「戎橋」の上では外国人観光客がひっきりなしに、この「グリコ」の看板をバックに写真を撮っている。まるで大阪に来た証拠を残さなアカンとでもいうように、次から次へと写真を撮っている。

そういえば「グリコ」も大阪発祥の企業である。「グリコキャラメル」と言えば、キャラメルの箱の上部に「オマケ」と称する小さい箱がついていて、その中には小さなおもちゃが入っていた。子供たちはその「おもちゃ」目当てにグリコを買う子も多かったのである。この辺も「大阪商人」の斬新な発想である。

グリコで思い出すのは昭和59年（1984年）に発生した「グリコ　森永事件」である。

この事件の発端は、同年3月18日の夜9時ごろ、当時のグリコ社長「江崎勝久氏」邸に3人組の男が押し入り入浴中だった同社長を拉致し、その翌日には同社の取締役宅に犯人から電話で場所の指定があった。取締役が指定場所に行くと「脅迫状」が置いてあり、中身は「現金10億円と金塊100kgを要求するものであった。その後、犯人の男から電話があり、別の指定場所に「身代金」を持ってくるように要求があったが、結局、犯人は現れなかった。

現金10億円と金塊100kgと言えば200kgを超え運ぶだけでも大変であり、しかも拉致されたのが壮年の男性の入浴中ということから、事件は謎に包まれていた。

結局事件から3日後の21日、大阪茨木市を流れる「安威川」の水防倉庫から「江崎氏」は独力で脱出し、保護された。

これによってこの事件は一件落着かと思われたが、そのあと翌年にかけて、「グリコ」製品のみならず「森永製菓」、「ハウス食品」、「日清食品」、「駿河屋」などの製品に「青酸カリ」を混入したという「かい人21面相」と名乗る脅迫状が届き、食品業界は大パニックに陥った。

スーパーやコンビニの防犯カメラには、棚に置かれた食品に何か細工するような男が写っており、その人相から「きつね目の男」として似顔絵などが公開されたが、その後、男の足跡は杳としてつかめず、結局2000年には時効が成立し、犯人の目的は何であったのかなどは解決されないまま事件は未解決のままとなった。

日本の警察の「検挙率」は世界でも指折りに数えられているというが、東京府中市で昭和43年（1968年）に起きた「三億円事件」、2000年に東京世田谷区で起きた「世田谷一家殺人事件」など、遺留品などの物証が多い事件ほど解決していないのはどうしたことだろう。

「大看板」いうたら、戎橋南詰にある「かに道楽」の動く看板も有名や。足の動くでっかい「ズワイガニ」が店の正面の入り口の上の壁に取り付けてあって人の目を引いている。

それ以外にもこの道頓堀筋には「エビ道楽」のエビの形をした立体型の看板、てっちりの店「づぼらや」の大きなフグの提灯などこの通りには立体型した大きな看板が店の正面に設置されているところが多い。今はエビとフグはなくなって、代わりにラーメン屋の店の正面に大きな「龍」の立体看板が取り付けてある。

そのルーツは何か言うたら、昔、この通りに並んでた「芝居小屋」に出演する役者の立体人形が看板に飾られていたことにあるという。とにかく大阪人は人の目を引くことが好きや。

難波の高島屋から北へ伸びている「戎橋商店街」が道頓堀川に突き当たったところにかかってる「戎橋」は長い間「ひっかけ橋」と言われていた。そのころにはこの橋の上をウロウロしている若い男女が多かった。つまり「戎橋」は「ナンパ」の名所だったのである。

最近は外国人観光客などでごった返しているので、あんまりウロウロしている若者が目立たなくなった。それにつれて「ひっかけ橋」と言う言葉もあまり聞かなくなった。

その代わり、と言うたらなんやけど、夜になったら「グリ下族」とか言って、グリコの看板の下のあたりに行先の定まらない若者が集まるようになって、犯罪の温床になっているようである。ちょうどそのあたりは、「グリコ看板」の明るさの陰になっていて、目立ちにくいのでそうなってしまったのかもしれない。

そんなところに集まってくる未成年が悪いと言ってしまえばそれまでだが、それを食い物にする大人のほうがもっと悪い。特に最近はＳＮＳが若者の間では、交流の主役となっているので、昔に比べて本人が気づかないうちに悪の道に踏み込んでしまう危険性が高くなっていて、予防するのはますます困難になってきている。

私がうまいことよう使わんから言うんやないけど、あんまりＳＮＳなんかに人間関係を頼ってばかりいたらロクなことになれへんで。

宗右衛門町

道頓堀のことを話したついでに「宗右衛門町」についてちょっと話しておこう。

「宗右衛門町」のことを大阪の人は「そえもんちょう」と呼ぶ。これも大阪人の言葉短縮癖である。

「宗右衛門町」は道頓堀川をはさんで道頓堀通りの反対側に位置する。

昔はここに料亭やら料理屋が立ち並んでいた。というのは船場の旦那連中が道頓堀で芝居を見た後、この宗右衛門町の料亭などで遊ぶのが一通りのコースであった。中には贔屓の歌舞伎役者なんかを引き連れて遊ぶこともあったらしい。

そんな街並みやから、１９７０年代ぐらいまでは通りを通っていてもどこからか三味線の音色が流れて芸妓が行きかう風流な風情のある通りやった。ところがいつごろからやったやろか。おそらく1980年代のバブルのころからやと思うけど、この通りには「おさわりバー」やとか「フィリピンバー」、中には「ぼったくりバー」などの怪しげな店が立ち並ぶようになり、店の前にはミニスカートをはいたネエチャンやら若いニイチャンが客を呼び込むようになった。客層も中年のサラリーマン風からユルユルのGパンと鼻にピアスをしたようなニイチャンに変わっていった。このごろは当局の取り締まりも厳しくなって、ちょっと変わってきたかもしれんが、いったん変わってしまったらなかなか昔の風情を取り戻すのは難しいだろう。

そんなわけで私自身、最近はこの宗右衛門町にほとんど足を踏み入れたことがない。

そういえば、この宗右衛門町には「メトロ」という巨大なキャバレーがあった。「キャバレー」言うても今の若い人にはあんまりなじみがないやろけど、中央にせり上がりまでついた大きな舞台があって、そこでダンサーが踊りを披露したり、バンドが生演奏をしたりして、客はボックス席でホステスのサービスを受けながら食事をしたり酒を飲んだり、あるいは舞台の前でホステスを相手にその前でダンスを楽しむと言った遊興施設であった。全盛期にはこの「メトロ」だけでホステスが1000人もいたというから驚く。

キャバレーの本家としてはパリの「ムーランルージュ」や「リド」などが有名やけど、アチャラでは客にホステスがついてサービスなんかしてくれへんから、鼻の下を伸ばして行ってもアカンで。だいたい欧米では女性は自己調達してカップルで入っていくのがマナーや。

大阪にはそのほか「ミス大阪」、「味園ユニバース」と言った大型キャバレーが何軒もあった。そのほか、大阪特有かも知らんけど、ちょっと格が落ちるけど（値段が安いけど、ホステスは年増が多かった）「アルバイトサロン（アルサロ）」という店も何軒もあった。しかしこれらの店もバブル景気の時までで、次第に数を減らし、今ではほとんどなくなってしもた。その代わりというたら何やけど少人数で酒を楽しむ「クラブ」や「ラウンジ」と名付けた店がキタやミナミでも主流となって、接待など社用族のたまり場となってきた。最近、言うてもだいぶん前からやけど「キャバレー」と「クラブ」を合わせたような「キャバクラ」という店が増えてきたらしい。行ったことがないのでどない違うのか私にはわからんけど。

大阪の中心部の地理

ここまで道頓堀あたりを中心に話をしてきたが、この辺で大阪の中心部の地理について、ちょっと説明しておこう。と言うても地理なんて口で言うても何のこっちゃ分かれへんと思うので、ここではホンマの中心部だけの道路に沿って話を進めていく。

おおさかの中心部の大きな道路は碁盤の目のように整備されていて、南北が「筋」、東西が「通り」その間の道は「町」と名付けられている。その中でも大阪の象徴となっている「イチョウ並木」が美しい「御堂筋」から話を始めよう。

◆御堂筋

大阪のメイン道路いうたら「御堂筋」や。何で「御堂筋」言うかいうたら、この道路沿いに、浄土真宗「本願寺」の別院「北御堂」と「南御堂」があるからや。「南御堂」のほうは最近その境内にホテルが建てられて、なんやお寺という感じがせんようになってしもた。これも時代の流れか。私は至って無信心なほうなので、あんまり詳しいことは知らないが、昔はお寺には「檀家」と呼ばれる信者集団があって、お寺の経営も檀家の力で維持できていたが、最近ではどこのお寺も檀家の数が減ってきて、経営が苦しいところも多く、敷地の一部を貸したりしてホテルを作ったり、幼稚園にしたりしているお寺も増えているという。

境内にホテルを建ててるいうたら、この南御堂をずーと南へ下がっていって道頓堀に突き当たるちょっと手前「三津寺筋」の北東角にある「三津寺」も最近、境内にホテルを建てた。と言うよりホテルの中にお寺があるというような形になってしもた。

ここで「前に書いた説明とちょっと違うやないか。」と気が付いた方もおられると思う。

そう、先に、大阪の中心部を南北に走る道は「筋」、東西に走る道は「通」か「町」や、と書いた。ところがここで書いた「三寺筋」と言うのは東西に走ってる道やのに何でか「筋」という名前がついている。私が知ってる限りではこの「三寺筋」の一つ北の道もなんでか知らんけど「八幡筋」と「筋」がついてる。そういえばこの一帯だけは、南北に走っている道にも以前は「笠屋町」、「玉屋町」、「畳屋町」などと「町」のついてる道もあった。おそらく南北の道にそれぞれの職人の家が多かったからそんなことになってるのと違うやろか。知らんけど。

この辺りは大阪ミナミの繁華街の中心地で今では「東心斎橋」と言う地名でひとくくりにされているが、タクシーの運転手なんかに言わせたら「東心斎橋〇丁目と言われてもさっぱり分かれへん。」と言い、今でも「八幡筋を東に行って笠屋町を越えたところ。」と言うたほうが分かりやすいという。

「御堂筋」の話をしよう思てたら、だいぶん話がアッチャのほうへ行ってしもた。

「御堂筋」は北は大阪駅前から南は難波高島屋にぶつかるまでの約4㎞の道や。今は幅40ｍ以上、側道も含めて8車線あり側道とは2列の「イチョウ並木」の分離帯で区切られていて大阪のシンボルになっているけど、後で言うように昔は狭い道やったらしい。

本町通より北側、つまり北船場に当たる両側の建物は１９９０年代前半ぐらいまでやったと思うけど高さが百尺、つまり31ｍに制限されていたため、遠くから眺めたら整然とした街並みやった。せやけどそんなことしてたら、大企業がみんな東京へ出て行ってしまうし、そうでなくても大阪経済は地盤沈下が激しかったので次第にそれらの制限が緩和され、今では超高層の建物が建つようになった。しかも昔は一つもなかった高層のマンションまで建つようになって街の雰囲気も昔とは大分変わった。せやけどそのおかげで減少気味だった都心部の人口が増加傾向になり、これまで廃校を重ねてきた小学校などが最近では足らなくなってきているという。

御堂筋が大阪のメイン道路やいうけど昔からこんなに立派な道やったわけやない。１９３０年ぐらいまでは、幅10ｍにも満たないところがある細い道やったらしい。

それを１９２０年代後半から30年代前半にかけて「池上四郎」と「関一（せきはじめ）」と言う二代にわたる市長が、御堂筋の大拡張に取り組んだ。特に関一市長は、もともと東大かどっかの「都市計画」専門の先生やったから、道路の拡張だけやなく、その下に「地下鉄」を通すという当時としては大胆なことをやった。まあ、何でも大胆なことをやろうとすると反対する人も多く特に土地買収には随分てこずったらしい。それでも１９３３年には日本初の公営地下鉄として梅田から心斎橋までを開通させた。

御堂筋が拡張されたり地下鉄が開通した時は、大阪人の度肝を抜いたらしい。

昔、１９８０年代ぐらいやったかなあ「三球・照代」とかいう漫才師が居って「地下鉄はどこから入れたんやろ?」と言うのをネタにして笑いをとっていたが、開業当時の人々にとってはホンマに不思議がっていたんやないかと思う。

そんな御堂筋も、モータリゼーションの急速な進展によって、次第に渋滞するようになり、1970年（昭和45年）最初の大阪万博の年にはそれまで対面交通であった道路を南行一方通行に切り替えた。それと同時に、サブメイン道路と言われる「堺筋」、「四ツ橋筋」なども一方通行にした。これまた大阪人には「そんなことして大丈夫か？」とびっくり仰天の出来事であった。

年月が経って時代は変わり、日本全体の人口減少、若者の車離れなどもあって、今では部分的に側道をつぶして歩道を拡張し、テラスとして利用できるように改造が進んでいる。おそらくパリのシャンゼリゼ通りのように、あちこちにオープンスペースのカフェテラスができるのだろう。

パリで見たら、なんとなくカッコいいように見えるが、私が古いのかも知らないが、日本人は人の行きかう外でものを食べたり飲んだりするのはどうも落ち着かないような気がする。ものを食べるという行為は、動物の根源的な本能であり、昔の日本人は本能丸出しの行為は人に見られないようにするのが慎みであったが、いつのころからか大通りに面したガラス張りの窓に向かって食事をするのがなんとも思わなくなってしまった。それどころか、歩きながらものを食べるのが一種のファッションのようになっている。これでいいのだろうか。

あんまり言ったら顰蹙を買いそうなので、この話はこの辺でやめておこう。

御堂筋の話はこれぐらいにして、そこから東側についての話をしよう。

御堂筋の一つ東側が「心斎橋筋」とそれに続く「戎橋筋」、さらに「丼池（どぶいけ）筋」、「三休橋筋」というように「筋」がいくつか並んでいる。

ここで次の大通り「堺筋」の話に移る前に「心斎橋」についてちょっとだけ紹介しておこう。

「心斎橋」と言うのは昔、長堀通が「長堀川」と言う堀川であった時にその川にかかっていた橋で「岡田心斎」と言う商人が私費を投じて架けた橋である。橋の欄干にはその当時としては珍しかった「ガス灯」らしき照明塔が立っていて独特の雰囲気を醸し出していた。今は長堀通を渡る歩道橋になっていて、その下を川ではなく車が走っている。ただ橋の欄干は昔の姿を残していて、そこが川であったことを偲ばせている。


さあ、それでは「堺筋」の話に移ろう。

◆堺筋

「御堂筋」から東へ、いくつかの小さな「筋」を越えていくと、次の大通りとして「堺筋」にでる。

御堂筋が拡張されるまでは、この堺筋が大阪のメインストリートであった。この堺筋と土佐堀川の南を走る土佐堀通の交差点が「北浜」で、そこにはかっての「大阪証券取引所（現・大阪取引所）」

があり、明治時代に活躍した実業家「五代友厚」の銅像が建っていて、その近辺には大手の証券会社が集中している。北浜から少し南に下ると、高麗橋通りとの角にかつては「三越」があった。「三越」と言えばデパートの中でも老舗の一つで、東京でも大阪でも一つ格上のデパートとして自他ともに認められていた。ただ1980年代初めころ、それまで十年以上にわたって三越に君臨してきた「岡田茂社長」の公私混同と愛人であった「竹久みち」との間の不正取引が公になり、1982年に解任された。その時の取締役会で「解任動議」が可決されたときに岡田社長が発した「なぜだ！」と言う言葉は当時流行語になったほどである。

この「三越」の前身は江戸時代三井高利が創業した「越後屋」でありその後「三井呉服店」となりやがて三井の「三」と「越後屋」の「越」を取って「三越」となった。

よく時代劇なんかでは「越後屋」言うたら悪代官と組んで悪事を働く商人の代表格みたいに扱われ「越後屋、お前も悪よのう。」と言うのが決め台詞のようになっているが、いつの時代でも悪いことをする奴はいるもんで、別に「越後屋」が悪いわけやない。

大阪人は何でもオモロイ話に仕立て上げるのがうまく、この事件の後で、どこやらの製菓会社が、箱の中に「小判」の形をしたお菓子を詰め、箱の表には「どうぞ、よしなに」と書いて売り出したら飛ぶように売れたという。

まあ冗談はともかくとして、この事件を境に名門「三越」は次第に業績不振に陥り、今では、東京の「伊勢丹」の傘下に入るような形になってしまった。大阪でも「三越」は老舗として多くの得意先を抱え、同じ贈り物をするなら「三越の包装紙」をと言う人も多かったようだが、御堂筋が大阪のメインストリートになるにしたがって、阪急、大丸、高島屋が浮上してきて、三越は次第に没落の道を歩み始め1990年代の後半に北浜の三越は撤退してしまった。

その後伊勢丹と組んだ「三越・伊勢丹」としては大阪駅の北ヤードの都市開発によって新しくできたビルに店舗を構えたが、集客が思うように進まず、2、3年も経たないうちに撤退してしまった。

同じような運命をたどったのが、名古屋に本店を持つ「松坂屋」である。松坂屋も堺筋の日本橋に店を構えていたが、堺筋がメインストリートの座を御堂筋に明け渡してからは、業績が低迷し、日本橋の店舗を高島屋に売り渡してから一時天満橋に店舗を構えたが業績は回復せず、結局大阪市内からは撤退せざるを得なくなった。

こうしてみると、他地方から出てきた、というか東京を中心に発展してきた小売業は、なかなか大阪では定着しにくいように思える。何でかいうと、私が思うに、大阪商法は自分がへりくだって、つまり「アホ」になってお客さんを持ち上げないと客が寄り付かないからではないか。逆に言うとスマートな東京商法は、東京に対してコンプレックスを持っている大阪人にとってはなんだか上から目線で応対されているように見えてしまう。商品の並べ方にしても、大阪人はあまり整然とするよりもどちらかと言うと「ゴチャゴチャ」した方が入りやすいと感じてしまうところがある。その「ゴチャゴチャ」した中から「安いもん」を探し出すのが「大阪のオバちゃん」の楽しみなのである。その証拠に、大阪駅北エリアの「三越・伊勢丹」が撤退した後にJR西日本傘下の「ルクア」と言う商業施設が入ったら結構繁盛しているらしい。おんなじ場所でも商売の仕方によって、こんなに違うもんやとびっくりさせられる。

デパートの話をしたついでに「デパートガール」について話をしよう。今でこそ女性はいろいろな職場で活躍するようになったが、昔は女性が働ける場所と言うのは限られていた。その中でも大手のデパートに勤めている「デパートガール」いうたら多くの女性のあこがれの職業やった。大抵、デパートの正面入り口のそばにある「エレベーター」に乗務する「エレベーターガール」は客がデパートに入って一番先に応対する部署やから、今やったら「セクハラ」やいうて怒られるけど、容姿端麗の美女を配置していた。

そのころはエレベーターの乗り口の外で案内する役と、エレベーターの中に乗って操作しながら案内する役とがあった。どちらもしゃれた制服に身を包み、白い手袋をはめて手の平を内にしてまっすぐ指を伸ばし、「上にまいりま～す。」と言う姿を見て男の客は鼻の下を伸ばしたものである。

やがてデパートに「エスカレーター」が導入されるとその「エスカレーター」の乗り口にも女性社員がついて「足元にご注意願いま～す。」などと愛想を振りまいていた。

今やどのデパートでもエレベーターは自動運転でエスカレータの付近では館内放送で注意を喚起す

るだけになった。

女性の地位向上と働き方改革でそうなったのだと思うが、我々年寄りには昔の姿が懐かしい。


話を堺筋に戻そう。

堺筋の「日本橋（前にも言うたけど大阪ではニッポンバシと読む）」いうたら昔は「家電製品」の問屋で有名やった。東京で言うたら秋葉原を小型化したようなもんや。今みたいに方々に「家電量販店」がなかったころ、「テレビ」を買うのも「冷蔵庫」を買うのも大阪人はこの日本橋で買うたもんや。「問屋」やからお客さんは当然のように「値切る」。この癖が今の量販店でも発揮されるのである。今では量販店は方々にあるし、ネットでも安う買えるので、私なんかも日本橋に足を向けることがほとんどなくなったので、今はどうなってるのか知らんけど、聞くところによると昔の「問屋」はいくつかの大手チェーン店に挟まれるようにゲームソフトや電気製品の部品なんかを売ってて、マニアの間では結構流行っているらしい。

この堺筋をまっすぐ北へ行って北浜を越えると土佐堀川および堂島川に突き当り、その間が中之島の東端近くになり、この二つの川を越えているのが「難波橋（なにわばし）」や。

この橋の欄干の両端には立派なライオンの石像があるので別名「ライオン橋」ともいわれている。このライオンの石像は大阪が生んだ造形家「天岡均一」の作品やそうで、今年（令和6年）で没後

100年になるという。

このライオンの顔をよう見たら口を開いてるのと閉じてるのがある。いわゆる「阿吽（あうん）」の形や。「阿吽」いうたら密教の世界で「阿」はすべての始まりを言い「吽」はすべての終りをあらわすらしい。せやから「阿吽」で森羅万象すべての世界を表すことになる。

お寺の山門には両側に「仁王像」が建っている場合が多いが、この仁王さんの口を見たら大概は片方が「阿」形、もう一方が「吽」形になってるはずや。つまり「山門をくぐったら全世界が開ける」と言う意味やないかと、勝手に解釈している。

これは何もお寺だけやないで。神社の境内に鎮座している「狛犬（こまいぬ）」の顔も、よう見たら「阿形（あぎょう）」と「吽形（うんぎょう）」になってる。つまり結界（天上と地上の境）においてはそれだけの心の準備が必要や、と言うことやと思う。

「阿吽の呼吸」と言う言葉がある。大相撲の立ち合いなんかは両者がこの「阿吽の呼吸」を合わせなければならない。つまり「よーいドン」と言うような合図があるわけではなく、勝負する両者が「吸う息」「吐く息」を合わせて立つのである。スポーツの世界で「阿吽の呼吸」で試合が始まるというのは「大相撲」ぐらいしかないのではないか。自らを律して相手に合わせる。これは日本人ならではの素晴らしいところだと思う。

さて「ライオン橋」の話に戻る。

このライオン橋の上から西、つまり中之島の中心部を見たら、手前に「中之島こども図書館」、その向こうに「大阪市中央公会堂」、さらにその後ろには「大阪府立図書館」、さらに「市庁舎」がクラシックな姿を見せている。

特に「中央公会堂」が夜にライトアップされたその姿は建物のレンガ色が中之島の緑に映えて本当に美しい。（と私は思っている。）

この「大阪市中央公会堂」は1918年（大正7年）に北浜の株式仲買商「岩本栄之助」が株で大儲けして、当時の金で100万円を大阪市に寄付し、そのお金で大阪市が建てたものである。残念ながら岩本氏はその後、株で大損をして、自ら命を断ってしまった。

中之島の御堂筋つまり淀屋橋の西の方は、もともと「大阪大学」の本部や医学部があったがそれぞれ吹田や石橋、箕面の方へ分散して移転したので、その跡地には「大阪科学館」、「国立国際美術館」、「中之島美術館」などが隣接して建っていて、大阪の文化施設が集中している。さらに西には、リーガロイヤルホテル、国際会議場（グランキューブ）などがあり国際交流の場としてもにぎわっている。

◆松屋町筋

ほなら、ボチボチ本町通を歩きながら堺筋の一つ東の大通り「松屋町筋」へ行ってみまひょか。前にも言うたけど、大阪人は「松屋町」を「まっちゃまち」と言う。堺筋から松屋町筋に出る手前に「東横堀川」が流れていて「本町橋」がかかっている。せやからここがいわゆる船場の東の端ということになる。江戸時代に「お伊勢参り」が流行ったころは、ここが大阪側の起点やったらしい。私が自分で確かめたわけやないけど、その時代の「道標」が橋のたもとに建っているという。東横堀川は今はその川のなかにコンクリートの橋脚が建っていて上を阪神高速環状線の南行が走っているので昔の風情はない。

昔の風情いうたら、この本町橋の西詰に「ゼー六」と言う一風変わったアイスクリーム屋があった。「ゼー六」は漢字で書いたら「贅六」で江戸時代、江戸っ子が上方の人間を馬鹿にする、いわゆる「穀つぶし」、「無駄飯食い」と言うような言葉やったそうな。せやけどそんなこと言われたぐらいでは大阪人は何とも思わん。大阪人は「アホ」と言われてもなんとも思わんどころか親近感を覚えるような人種やから、逆にその言葉を店の名前にしてしまった。誇り高き東京人では思いつかんやろ。

この「ゼー六」の詳しい歴史は知らんけど、戦後間もなく、まだ砂糖が貴重品やったころにバニラアイスクリームを作って売ったら結構売れたのでそれを生業にしたようや。

40年ほど前やったと思うけど、通りがかったついでにアイス最中を買って食べてみた。どういうたらエエかわからんけど、普通に最近売っているアイスクリームとはぜんぜん味が違ったような記憶がある。つまり昔、夏におっちゃんが、自転車の後ろに「アイスクリン」と書いた旗を立てて売りに来ていた、その味や。（そんなこと言うても、今どき、なんのこっちゃ分かれへんと思うけど。）

そのころは店も間口一間あるかないかぐらいの小さい店やったけど、今では代も変わっていろんな種類のアイスクリームも食べられる喫茶店になってるらしい。ホームページにも載ってるぐらいやから、ついでがあればいっぺん立ち寄ってみたいとおもっている。せやけど、おそらくもう昔の味やのうて、今風の味に変わってしもてるやろなア。

さて本町橋いうたら、昔、「塙団衛門」と言う豊臣側の武将が「大阪夏の陣」で徳川方の軍勢と戦って何人切りか知らんけど、大暴れをして戦死したことでも有名や。こんな話は最近の人は「塙団衛門て誰や？」というやろけど、私らが子供の頃は、マンガや講談本にこんな話がいっぱい載ってた。

まあ、そんなことを思いながら本町橋を渡って松屋町筋に出ると、左側には「大阪商工会議所」が入ってる「マイドーム大阪」がある。ここにも前に言うた「五代友厚」の銅像が建っている。以前は大阪国際ホテルがあった場所や。

この交差点は「内本町」と言う。何で内本町と言うのかなあと考えたら、合ってるかどうか知らんけど、そうや、だんだんと「大阪城」に近づいて「堀」の内側になるからやないかと思う。だいたい誰が決めたんか知らんけど大阪の地番は大阪城に近い方から、一丁目、二丁目…とつけられている。

それぐらい大阪城は大阪の中心やったということや。

この内本町から松屋町筋を南に下っていくと「人形問屋」が多くなる。昔は桃の節句が近づいてくるとじいちゃん、ばあちゃんが孫のために「ひな人形」を買いに来てたもんやが、最近は「ひな人形」を買ってあげると言っても「置くところがないから、いらん。」と言う家庭が増えてきたから、おそらく昔に比べたら売り上げはグンと落ちてしまっているんやないかと思う。

さらに松屋町筋を南へ下っていくと今度は「おもちゃ」や「駄菓子」の問屋が増えてくる。私が子どものころ、母に連れられて割安の「割れせんべい」やら「割れおかき」なんかを買いに来たことを思い出す。今みたいに横文字のメーカーによる「クッキー」やら「ケーキ」なんてものはどこにもなかった。ホンマに今に比べたら昔は質素な生活をしてたもんや。

そのまま南に歩いていくと、最近は何でか知らんけど「バイク」の店が多くなってる。

千日前通りを越えると左側に「生國魂（いくだま）神社」への参道が見えてくる。この「生國魂神社」はもともと、大阪城の近くにあったものを、秀吉が大阪城を建てるときにこの場所に移設したという。大阪市のど真ん中に位置するこの神社は、都心部の人たちからは「いくだまさん」と呼ばれて親しまれてきた。この神社の詳しい縁起については省くが、境内には浄瑠璃神社など芸能に関係する社がいくつか並んである。それ以外にも上方落語の祖と言われる「米沢彦八」の碑が建てられている。「彦八」は江戸時代の初期、この地で落語の原型である「辻噺（つじばなし）」をして民衆を楽しませたという。今でも毎年9月に若手の上方落語家などが集まって「彦八まつり」が催されていて賑わいを見せているらしい。行ったことないけど。

ちょっと変わっているのが、先ほど言った参道を始め、このあたりには「ラブホテル」が集まっていて、夜ともなれば赤や青の薄暗いネオンが輝いて、怪しげな雰囲気を醸し出している。そういえば周囲には一般の人家はほとんどなく静寂な環境なので、カップルが、こっそりと入るには絶好の地域なのかもしれん。神聖な神社と妖艶なラブホが隣り合わせにあるというのも、大阪らしいと言えば大阪らしい。

生國魂神社参道から松屋町筋沿いに少し南へ行くと、辺りはお寺が並んでいて「下寺町（したでらまち）」や「伶人町（れいじんまち）」などお寺にちなんだ地名となっている。これも太閤はんの「都市計画」の名残やと言われている。何しろ、この辺はお寺の密度で言うたら京都なんかより詰まってるらしい。これも太閤秀吉の考えで「大坂城」の南の守りとしてこの辺に寺を集めたらしい。

お寺は比較的敷地も広大で、高い塀に囲まれており、昔から砦の役割を果たしてきた。それだけやなしに、なんといっても「信仰」の中心の施設やから、なかなか「弓」を引きにくい。だから「南北朝時代」の「南朝」の天皇の多くは吉野や河内の寺を在所とした。

しかし戦国時代に入ってからは「お寺」そのものが城郭となって多くの僧兵を養うなど、一大軍事拠点となってきて、全国統一を目指す「織田信長」にとっては脅威の存在となったため、彼は「比叡山の焼き討ち」など各地で寺とその信徒を打ち滅ぼした。やがて天下統一を成し遂げた「秀吉」は一転して寺を城の守りとして「仏教」の保護政策に走る。

それも、当時次第に普及し始めていた「キリスト教」への対抗処置でもあったのだか、次第に「絶対神」を信じる「キリスト教」に「絶対権力者」となった「豊臣」や「徳川」は危機感を強め「キリスト教」を敵害視し弾圧を加えるようになる。

このようにこの時代の宗教は、時の権力者によって翻弄され利用されてきたのである。


ここから東に向かうと、「天王寺七坂」と言われる坂があり、その一つ「愛染坂」の途中に大阪の夏祭りの皮切りと言われる「愛染祭り」や「愛染かつら」の小説で有名な「愛染堂」がある。この「七坂」はいずれもこの松屋町筋を起点としている。さらに南に行くとやがて松屋町筋は七坂の一つ「逢坂」のある国道25号線に突き当りその向かいには「一心寺」という浄土宗のお寺がある。歴史は古く平安時代末期、四天王寺の別当であった「慈円」の要請を受けて「法然」(浄土宗の開祖)がこの地に「源空庵」を結び住んだと言われている。

正面の山門や本堂はこの寺の元住職(現・長老)で建築家の「高口恭行」が設計したもので、斬新なデザインの鉄筋コンクリート造で山門の両側には、彫刻家「神戸峰男」による風変わりな仁王像が立っていて一見する価値はあると思う。

境内には、「大坂夏の陣」で討死した徳川方の武将「本多忠朝」の墓がある。

この「忠朝」は大酒飲みで、戦いの最中にも酒を飲んで敗走したことで、家康から叱責され、汚名挽回とばかりに天王寺の戦いで奮戦し討死したと言われている。このためこの寺は「酒封じ」の寺としても知られている。

また、このお寺は「骨仏の寺」ともよばれ、お骨をおさめるお墓のない仏さんの「お骨」を預かって供養して、十年ごとにそれらの「お骨」で「骨仏」を作って安置されている。このようにいろんな呼び名で言われるほどこのお寺は多角経営なのである。

さてこの寺の南には大阪の陣の激戦地「茶臼山」や「天王寺動物園」、「天王寺公園」が広がっている。余談やけど、この茶臼山界隈にも「ラブホテル」がギョウサンあって、中には外観が「天守閣」を形どったものがあり、大阪人の遊び心に思わず笑ってしまうのである。


この「天王寺公園」も家族連れで散策したり、芝生の上であそんだりできるようになったのはこの二、三十年のことであり、それまでは、あちこちで浮浪者がたむろしていたり、酔っ払いがうろついていたり、通路端では怪しげなオッサンが、台の上に「将棋盤」を乗せて一見詰みそうだけど、絶対詰まないインチキ「詰将棋」のコマを並べて、将棋好きの通行人から金を巻き上げているような輩もいた。だから日が暮れるとあまり人が寄り付く場所ではなかった。

2000年代に入ったころからだったと思うが、この公園もきれいに整備され、レストランなども並ぶようになり、家族連れがくつろげる公園になった。すぐ近くには「大阪市立美術館」がレトロな姿を見せていて、その正面にある幅の広い大階段を降りていくと新世界につながっている。この大階段の下から美術館の正面を見る景色も私のお気に入りである。また美術館の隣には「慶沢園」と言う住友家が寄贈した「日本庭園」もあり市民の憩いの場となっている。

ちょっと寄り道したけど、元の道の話に戻ろう

逢坂を東に行くと前に書いた「四天王寺西門（さいもん）」になる。

この逢坂に突き当たる一つ手前の坂、「天神坂」には「大坂夏の陣」の時、この場所で戦死した「真田幸村」の石像のある「安居神社」があり真田幸村ファンにとって茶臼山とともに聖地である。

余談やけど、大阪人は幸村ファンが多く、「大坂の陣」ではこの「幸村」が「家康」を打ち取ったという伝説が残っていて、堺にある寺には「家康の墓」まで建立されている。

松屋町筋の南の端までいってしもたけど、肝心なことを言い忘れてた。

松屋町筋を北へまっすぐ行って「大川」に突き当たるとそこには「天神橋」がかかってる。

この橋を渡るとすぐ東が天神祭りで有名な「大阪天満宮」や。大阪人はこの天満宮のことを親しみを込めて「天満の天神さん」と呼んでいる。大阪人はなんでも「さん」付けで呼ぶのが好きや。この天満宮を起点として北に延びて、天神橋筋7丁目まで続いてるのが、日本一長いと言われている「天神橋筋商店街」や。この商店街を、毎年7月25日の「天神祭り」の日には「陸渡御」言うてお神輿が練り歩く。中でも町内会から選ばれた女性の担ぐ「ギャル神輿」は祭りに花を添える出し物として人気が高い。

ここで「天神祭り」について少し話しておこう。

「天神祭り」と言うのは全国の「天神さん」つまり「天満宮」で祭神である「菅原道真」の命日、7月25日に行われるものであるが、大阪天満宮の天神祭りは、日本三大祭に数えられるように有名である。

7月25日と言われるけど、実際は24日の朝から「鉾流し神事」などいくつかの神事は始まっている。これを「宵宮」と言い「陸渡御」や「船渡御」そして打ち上げ花火が行われる25日を「本宮」と言う。中でもクライマックスは25日の夜、「大川」を100隻余りの船が行きかう「船渡御」と5000発ともいわれる打ち上げ花火であろう。この時は大川沿いに100万人以上の人出がある。

昔、確か明治時代やったと思うけど、天神祭りの神輿が天神橋を渡っていた時に、あまりにも人出が多すぎて橋が崩れ落ち、神輿もろとも人々が川に投げ出されたという事件があったという話がある。そのためにこの大川に架かっている橋の中でこの天神橋が、いち早く鉄製になったという。

「船渡御」に出てくる船は「ご神体」をのせた「奉安船」、それに付き従う「供奉船」のほか「お囃子船」、歌舞伎俳優を乗せた「歌舞伎船」、吉本の芸人を乗せた船、あるいは各企業が供用した船などで大川が埋め尽くされる。それぞれの船はめいめいに音曲を流したり、岸の観客に向かって声をかけたり、結構にぎやかでバラバラなのがいかにも大阪らしい。

面白いのは船がすれ違う時に、お互いに「大阪締め」をしあって祭りを祝いあうという風習があることや。さっきまでワイワイガヤガヤしてた船が他の船とすれ違う時に、急にワイガヤをやめて「打ちましょ、チョンチョン…」と「大阪締め」が始まるのは、なんとなくおもしろい。（この大阪締めについてはまた後で説明します。）

大阪の夏祭りは、6月末から7月初めにかけての「愛染祭り」に始まり、25日の「天神祭り」でクライマックスを迎え、30日の「住吉祭り」で終わると言われている。

長いことコロナの影響で、これらの祭りは中止になったり、規模を縮小して行われてきたが、今年こそこれらの祭りが盛大に行われ、ここ何十年も続いてきた沈滞ムードを吹き飛ばしてほしいもんや。

なんや、大阪の道筋の話をしてたのに祭りの話になってしもた。また話を本筋に戻そう。

さあ、松屋町筋からもう一つ東の大通り「谷町筋」へ行ってみよう。

◆谷町筋

「谷町筋」をまっすぐ北へ上って行ったら「天満橋」につく。天満橋のあたりまで上ってくると中之島の中州はなくなって、堂島川と土佐堀川の上流「大川」になる。今の若い人は知らんやろけど、昔はこの大川のことを「旧淀川」と呼び、ＪＲ東海道線の北を流れる今の「淀川」は「新淀川」と呼んでいた。新淀川と言うのは、大川（旧淀川）の氾濫を防ぐため、およそ１００年前に人工的に作った川やという。その新淀川と大川が合流するあたりの地名を「毛馬」と言い、そこには、大川へ流れ込む水量を調整する大規模な「閘門（こうもん）」と呼ばれる水門がある。この「毛馬」は江戸時代の俳人「与謝蕪村」の生まれ故郷で、閘門のほとりには蕪村の句「春風や　堤長ごうして　家遠し」と言う句碑が建てられている。

それはともかくとして、今でこそ谷町筋は立派な広い道になってるけど、昭和三十年代ぐらいまでは途中は狭い道やった。そのころは大阪の主要な道路には市電が走っていた。

天王寺から北に向かって市電に乗ると四天王寺西門の辺で市電は大きく迂回して、上本町筋に出たもんや。つまりまっすぐ市電を通せないくらい狭い道やったということや。

谷町筋と言えばみんな知ってるやろけど大相撲で言う「タニマチ」はここの地名からとったもんや、という話をしよう。

大阪場所になるとこのあたりの寺に多くの相撲部屋が開かれるから相撲ファンが多く、力士の後援者になっている会社が多かった。昔、この辺は「金偏」と言われて、「鉄鋼業」の多い町やったらしい。みんな知ってるかも知らんけど、「ホテルニュー大谷」の創業者「大谷米太郎」は元力士で、引退後ここで鉄鋼業から身を起こして、大金持ちになったとかいう話や。それぐらい金持ちが多かったらしい。彼らが大相撲に入れあげて、贔屓の力士を応援し始めた。せやから熱心な相撲ファンを「タニマチ」と言うようになった。

ついでに、もう一つ、歴史的な話をしよう。

平安の昔、「新古今和歌集」の選者であった「藤原家隆」と言う歌人が今の「夕陽ケ丘」あたりに「夕日庵」と言う庵を建てて、こんな歌を作っている。

「契りあれば　難波の里に宿りきて　波の入り日を拝みつるかな」（百人一首）

これがこのあたりの「夕陽ケ丘」と言う地名の起こりやと言われている。つまりこのあたりは「上町台地」と言って大阪でも標高の高いところやから大阪湾に沈む夕日が見えたことは、四天王寺のところでも書いた、いわゆる「日想観」の信仰である。

この「夕陽ヶ丘」から谷町筋をまっすぐ南に下がっていったら四天王寺の西門前に出る。四天王寺についてはあとで詳しく話をするつもりやから、ここでは素通りしてさらに南に行くことにする。そうしたらＪＲ環状線やら関西線（今の「大和路線」）なんかが通るＪＲ天王寺駅前にである。このＪＲの線路をまたいでいるのが「阿部野橋」や。私が子供の頃はこの関西線がまだ電化されてなかったので阿部野橋の下を蒸気機関車が黒い煙を吐きながら通っていた。親に連れられてそれを橋の上から飽かずに眺めていたことを今でもうっすらと覚えている。

阿部野橋を南に渡った交差点を左に曲がったら「あびこ筋」に出てこの下を地下鉄御堂筋線が堺の「中百舌鳥」まで走ってる。

交差点の左側が近鉄百貨店の入ってる高さ３００ｍの日本一高いビルやった「あべのハルカス」がある。（今は東京の「麻布台ヒルズ」に抜かれてしもたけど。）このハルカスの1階には奈良県の「吉野」のほうへ行く近鉄南大阪線の「阿部野橋駅」がある。

ＪＲ、地下鉄は「天王寺駅」、近鉄は「阿部野橋駅」とおんなじ所やのに二つの駅名がある。せやからこの辺を「天王寺」言うたり「阿倍野」言うたりする。ここでも「大阪駅」と「梅田駅」のように、よそから来た人は頭がこんがらがってしまう。大阪人はええ加減やから、どっちで言うてもわかるけど、なんでこんなに二つも地名があるのか、私もはっきりとは知らんけどこの阿部野橋を境に北側は「天王寺区」南側が「阿倍野区」やからこんなややこしいことになってるんやと思う。

このハルカスの前から「南海上町線」と言う、今はほとんどなくなった路面電車が堺の浜寺公園まで走ってる。いわゆる「チンチン電車」や。昔はこ「阿部野橋」の次の駅「阿倍野斎場前」から東に向かって「平野線」と言う平野のほうへ行く電車も走ってたけど、地下鉄「谷町線」が開通してからは廃止された。

この「チンチン電車」にはもう一つ、通天閣の足元「恵美須町」から出てる「阪堺線」と言う路線がある。この「阪堺線」は昔は「馬車鉄道」と言って馬が引く鉄道が走っていたらしいけど、それが「阪堺電気軌道」と言う鉄道会社になった。この鉄道は日本で一番古い私鉄路面電車やったといわれている。

ハルカスの前からは谷町筋とは言わないで、阿倍野筋と言うのが普通や。

阿倍野筋をまっすぐ南へ行ったら次の交差点で阪神高速松原線の高架があるのが「阿倍野斎場前」の交差点や。何で「斎場前」言うかいうたら、この交差点の西南には大阪市営の「阿倍野墓地」があって、そこに「斎場」があったからや。昔は今みたいに立て込んだ市街地やなかったさかいに、こんな場所に「斎場」や「墓地」を作ったんやろけど、次第に人家が増えるにつれて、「焼き場」の匂いが臭いと文句が出るようになって、この墓地も阪神高速を通すときに、だいぶん削られて瓜破（うりわり）に移転し、その時に「斎場」も移転したから今はもうない。せやから「斎場前」と言う交差点は確か「阿倍野交差点」に変わってるはずや。

この阪神高速の北側は昭和40年代ぐらいまでは、木造家屋や、戦後まもなく建てられた「バラック」と呼ばれた簡易の木造家屋が密集した場所やったけど約40年ほどかけて「再開発」されて、今では高層マンションなどが建ち並ぶ、近代的な街に変貌した。

この「阿倍野筋」をまっすぐ南へ行ったら「大和川」を越えて堺市に入る。

堺市まではこの本のテリトリーと違うから、この辺で引き返そう。


そしたらこの辺で、次の大通り「上町筋」へ行こう。

◆上町筋

「上町筋」いうたらなんと言うても「大阪城」や。大阪城の「大手門」と「大阪府庁」の正面玄関の辺から、この道は「四天王寺」に接する東西の通り「勝山通」まで続いている。

この府庁舎のあるあたりの地名を「大手門」の前やから「大手前」という。大手前をちょっと南へ下がって次の交差点は「馬場町（ばんばちょう）」という。おそらくこの辺りに大阪城の「馬場」があったんやろと思う。知らんけど。

大阪府庁の南側には大阪府警本部、ＮＨＫ大阪放送局、大阪歴史博物館なんかが軒を連ねている。これらは今は馬場町の交差点の北西角に集まっているが、30年ぐらい前までＮＨＫは南東の角にあったような記憶がある。

NHK大阪放送局は「JOBK」と呼ばれているが、昔、私が子供の頃「JOBK」は「ジャパン・オオサカ・バンバチョウ・カド」の略やと教えられて長いこと信じていた。ホンマは日本でラジオ放送が始まった時に「東京放送局」を「JOAK」、大阪を「JOBK」、名古屋を「JOCK」と付けただけやそうな。

馬場町交差点の南東側、大阪城から中央大通りを挟んだところに、約9万平米の史跡公園というか空き地がある。これは「飛鳥時代」から「奈良時代」にかけて都のあった場所で「難波宮跡」と言われている。歴史に登場してくる「大化の改新」の舞台もこの場所やというし、奈良の大仏さん建立で有名な「聖武天皇」の時代も一時期ここに都をおいた記録もあるそうだ。

上町筋を南に降りて長堀通との交差点「上本町一丁目」を東に進んでいくと、土地がだんだん低くなっていく。この辺りは「清水谷」とか「空堀町」という地名が示すように大阪城の南を守る天然の「堀」であった。この空堀町の南側は「真田山」と言い、「大坂冬の陣」の頃「真田幸村」が要塞「真田丸」を作って、押し寄せる徳川の大軍を撃退したことでも知られている。この辺から大阪城に向かって、秘密のトンネルがあるという話は昔から「都市伝説」の一つとして伝わっていて、これを題材に「万城目学」が「プリンセス・トヨトミ」と言う小説を書いて、ベストセラーになり映画化もされたから、知ってる人も多いやろ。せやけどそのトンネルは今も見つかってへんから、単なる「伝説」やろと思う。

この小説の舞台となった「空堀商店街」は古い街並みの中に、いろんな店が入っていて普通の商店街とは違う雰囲気を醸し出している。そういえば「直木賞」の創設者「直木三十五」もこの辺の出身で「直木三十五記念館」も近くにある。

この辺まで来たら都心部と違って、碁盤目状の道筋がだんだん怪しくなってくる。「上町筋」も昔は市電が通っていたが、今は撤去されて市バスがおもな交通機関となっている。というても、西にちょっと歩いたら地下鉄「谷町線」は通ってるし、東へ歩いたら「JR環状線」が通っているからそんなに不便なことはない。

さらに上町筋を南に下がっていくと「千日前通り」との交差点が「上本町六丁目」いわゆる「上六」や。ここは近鉄電車のターミナルで昔は「大阪線」、「奈良線」の終点やった。駅の上は「近鉄百貨店上本町店」、その東隣は「シェラトンホテル」また上町筋を挟んだ西側には「ハイハイタウン」という名のショッピングモールが建っている。けど「キタ」や「ミナミ」に比べたら、繁華街と言うほどでもない。この「ハイハイタウン」ができる前、今から言うたら五十年ぐらい前は、薄暗い路地に屋台が何軒か並んでいて「串カツ屋」の屋台もあった。この「串カツ屋」のソース缶にも「二度付け禁止」と書いてあった。そのころはこんなもんが大阪の名物になろうとは思ってもいなかったが。

「上六」を東へ歩いていくと「環状線」の「鶴橋駅」に出る。鶴橋には近鉄大阪線、奈良線の駅もあって、昔（昭和三十年代半ばまで）は伊勢でとれた新鮮な魚をブリキの箱に詰め込んだ行商のおばちゃんが、この駅から環状線に乗り込んできて、車両全体に魚の匂いが立ち込めたもんや。今では物流網が整って、そんな風景も見られなくなった。

この駅の周辺は有名な「コーリアンタウン」で、商店街にはキムチや豚足など韓国食材、チョゴリなどの民族衣装も並んでいて、韓国に迷い込んだような雰囲気である。ただ、私は自他ともに認める先天的「方向音痴」なので、この商店街の脇道に入ってしもたら、出てくるまでに大変な苦労を強いられるので、あんまり近寄らないようにしているが、昔は環状線の鶴橋駅の真下に焼き肉屋があって、七輪（大阪弁では「カンテキ」という）の炭火で焼き肉を焼いていたからもうもうとした煙とニンニクの匂いが駅まで押し寄せてきて、目をつむっていても「鶴橋駅やな」とすぐわかるのであった。この店で焼き肉を食べたら、たとえ上着を脱いでおいても焼肉のニンニクの匂いと煙の臭いが混ざって体中にその臭いがしみこみ、二、三日はとれなかった。

今はその店も新しくなって、換気設備も整っているので昔のような匂いはしないから、電車で居眠っていたら、乗り過ごす危険性は増大した。

そういえば「七輪」も最近はトンと見かけなくなった。昔（おそらく昭和60年代に入るころまでは各家庭に「七輪」が一つはあったと思う。そのころは、「七輪」に炭をおこして、煙が出るので家の外で「サンマ」などを焼いていた。「サザエさん」の漫画にはこのような風景がよく描写されていた。

七輪でサンマを焼いたら脂が炭の上に落ちて煙が出るけど、余分な脂がなくなるのと、煙でいぶされたサンマは、今みたいに魚焼き機で焼いたサンマよりおいしかった気がする。

それにしても「七輪」のことを「カンテキ」と呼ぶのは大阪だけやと思う。「カンテキ」の中はよく熾った（おこった）炭が入っていたので、すぐ怒る人のことを「カンテキ」と呼んでいたが、今では通用しないだろう。その後、そんな人のことは「瞬間湯沸かし器」と言うようになったが、そのころは「瞬間湯沸かし器」なんかなかったのである。今ではこの「瞬間湯沸かし器」もあんまり見かけなくなったからこの言葉も死語になってしまうのやろな。

これで大阪の南北の筋も東は「上町筋」まで来た。ここより東はどちらか言うたらもう「都心部」とは言えんから、一度元に戻って、これからは御堂筋から西に向かって行くことにする。

◆四ツ橋筋

御堂筋の一つ西の大通りは「四ツ橋筋」や。なんで「四ツ橋」と言うかいうたら、昔、まだ長堀通が「長堀川」やったころ、この「長堀川」と直角に交わっていた西横堀川の交差しているところに四つの橋が架かってたからや。その四つの橋の名前は、西横堀川にかかってたのが北から「上繋ぎ橋」と「下繋ぎ橋」。長堀川にかかってたのが西から「炭屋橋」、「吉野家橋」。

こんな風に川が直角に交わって、その四方に橋が架かってて、しかも市電が直角に交わってる景色と言うのは全国的に見ても珍しかったらしい。いまは、その面影はないけど。

この四ツ橋の交差点の北東角に昔は「四ツ橋電気科学館」と言うのがあった。この科学館には東洋では唯一と言われた「プラネタリウム」があって、私が小学校の頃、学校からこのプラネタリウムの見学に連れてきてもらったのは、かすかな記憶として残っている。

この「電気科学館」は今では解体されて、中之島に新しく「大阪市立科学館」としてオープンしていてプラネタリウムも新しくここで上映されている。

「四ツ橋」の頃はこのプラネタリウムの座席も固定式で、頭上に映し出される天体の映像を見上げるのに首が痛かった記憶があるが、今では座席もリクライニング方式になっていて、楽な姿勢で天体ショーを見ることができる。ただ、上映時は館内の証明は暗く、しかも座席はリクライニング、その上静かな声で説明されるので、おのずから上下の瞼が接近してくる。いまどれだけの人がこのプラネタリウムを利用しているのかしらんけど、本当に「プラネタリウム」を楽しむなら、事前に睡眠は十分とっておいた方がエエで。

この「四ツ橋筋」も以前は対面通行の道やったけど、御堂筋が南行一方通行になったのに合わせて、北行き一方通行になった。それまでの四ツ橋筋いうたら御堂筋なんかに比べたら、ちょっとはずれと言うような感じやったけど、そのうちにＩＢＭのビルやら、大手商社のビルなんかができて、次第に御堂筋に次ぐメインストリートに変貌してきた。最近では超高層マンションが立ち並び、人口もこの辺りに集中してきている。

四つ橋筋は北はＪＲ大阪駅の西口、地下鉄で言うたら四つ橋線の西梅田駅のあたりから南に延びている。

また大阪駅の駅ビルには「大丸梅田店」、南側には「阪神百貨店」、東側には「阪急百貨店」などが立ち並びそれぞれの百貨店に近接しているだけでなく、地上に阪急、地下に阪神電鉄の梅田駅が、また地下鉄の駅としては御堂筋線の梅田駅、谷町線の東梅田駅、さっき言うた四つ橋線の「西梅田駅」など多くの駅が集中している。

よく他地方から来た人は「ＪＲの駅は「大阪駅」で同じところにある私鉄や地下鉄の駅は「梅田駅」と言うのはなんでや」と疑問に思う人が多いようだが、もともとの地名としては「梅田」が正しい。何で「うめだ」と言う地名が付いたかと言うと、いろんな説があるようだが、昔、このあたりは低湿地で「田んぼ」が広がっていた。その「田んぼ」を埋め立ててできた土地やから「埋め田」。それが「梅田」になったという説がもっともらしい。

このあたりの道は、大阪船場の中心部と違って、昔の畦道をそのまま道路にしたもんやから、無茶苦茶な方向を向いている。その道の下を日本一面積の広い地下街にしたもんやから、いったん地下にもぐってしまったら、私みたいな方向音痴にはどこがどこやらさっぱりわからへん。せやから慣れてへん人は地下街を通って信号なしで目的地に行こうなんて思ったらアカン。大概は地下街を通って

「この辺やろ」と思って階段を上って地上に顔を出したら、全然違うところやと気が付く。まあ、最近はスマホに便利な「ナビ機能」なんてもんがついてるから、若い人にとってはそうでもないやろけど、それらを使いこなせない年寄りは、下手に地下に潜ったら迷子になってしまうので注意が肝心。

さて西梅田から四つ橋線を南へ２、３００ｍ歩いたら国道2号線と交わる交差点「桜橋」に出る。大阪にはこのように「橋」のつく地名が多い。この桜橋は昔、このあたりを流れていた「蜆川（しじみがわ）」と言う川に架かってた橋の名前の名残やそうな。この桜橋交差点から2号線を東へ御堂筋の方へ向かって歩いていくと北側に「大阪駅前第1ビル」「第2ビル」「第3ビル」、そして御堂筋との交差点を北へ曲がると「第4ビル」と4つのビルが連続して建っている。これらのビル群は昭和40年代から50年代にかけての再開発で建設された。それまでのこの辺りは、ごちゃごちゃした木造の小さな店がいっぱい並んでいて、夜ともなれば、「ポン引き」と言われるような怪しげな人間がうろうろしていた。

話を戻そう。

この国道2号線を挟んで南側に広がる一帯が「北新地」と呼ばれる「曽根崎新地」や。2号線から2つ南の通りが「新地本通り」言うて新地の中でも一番賑やかな通りで、大阪での一流クラブが並んでいる。この曽根崎新地いうたら江戸は元禄時代の作家「近松門左衛門」の書いた「曽根崎心中」の舞台としても有名や。ちょっと話が変わるけど新地本通りを東に行って御堂筋を越えたところに「お初天神」と言う小さな「天神さん」がある。何で「お初天神」と言うかいうたら、この「曽根崎心中」の主人公「お初と徳兵衛」が心中する前にお参りしたからやと言われている。

大阪の繁華街は「キタ」と「ミナミ」に分かれていると言われるが、この「北新地」がいわゆる「キタ」で難波から心斎橋に至る一帯の歓楽街が「ミナミ」と呼ばれている。どっちか言うたら「キタ」は社用族を中心とした接待が中心で、「ミナミ」は若者やらオッサン連中が羽を伸ばして遊ぶという雰囲気である。

北新地に毎年「節分」の頃に行われる「お化け」と言われる風変わりな風習がある。「お化け」というのはもともと京都の「祇園」などの花街で行われていた風習で、「芸妓」や「舞妓」が日頃と違う格好をして、つまり「化け」て悪霊を払うという意味から行われるようになったという。その風習が大阪の「キタ」や「ミナミ」のホステスの間でも行われるようになった。例えば日頃、店ではワンピースを着ているホステスが「花魁（おいらん）」の衣装を着たり、日ごろ和服で押し通している「チーママ」が男装で出てきたり、まあ、店によってはわざわざ化けんでも初めから「お化け」みたいなんもおるけどな。（失礼！）

「節分」に「恵方巻」を丸かじりするという風習も大阪から始まったという。大阪のどこからや？と聞かれてもはっきりせえへんけど、此花区のすし屋が始めたんやという説もある。

「恵方巻」は巻きずしの具として7種類入れるのが正式らしい。何で7種類か言うたら、七福神を海苔で巻いて運が逃げんようにするという話で、何で丸かじりするか言うたら、包丁で切ったら「縁」が切れてしまうからやそうな。ホンマかどうか知らんけど。

「恵方」というのは毎年変わるそうで、家で適当な方を向いて齧っても効き目はないらしいから、その年の「恵方」を確かめてから食べなアカンで。

だいぶ横道にそれてしもたけど、また本筋に戻ろう。

曽根崎新地の南側、堂島川に当たるまでの一帯は「堂島」と呼ばれ、江戸時代にはここには各藩の「蔵屋敷」がたくさん建っていて米の先物取引が行われていた。ちなみにこの堂島の米取引が世界で初めての先物市場やと言われていて堂島川に架かってる「ガーデンブリッジ」の北詰めには「米相場取引所跡」の碑が建っている。

四ツ橋筋で堂島川にかかっているのが「渡辺橋」でそれを渡ると「中之島」になる。ここには大阪で一番大きな劇場フェスティバルホールや朝日新聞の大阪本社の入った「フェスティバルタワー」その向かいには「コンラッド・ホテル」や「香雪美術館」のツインタワービルがそびえ建っている。中之島の南には土佐堀川が流れ、そこには「肥後橋」が架かっている。

肥後橋を南に渡り、土佐堀通、江戸堀通、京町堀通（これらの通りも昔は掘割やった）を越えると右手に「靭公園」の緑が目に入ってくる。この靭公園は四ツ橋筋から一つ西の「なにわ筋」を越えて次の大通り「あみだ池筋」まで続く東西に長い長方形の公園で、緑が少ないと言われる大阪都心部では貴重な市民の憩いの場である。

何でそんなに細長い長方形の形をしているかと言うと、１９４５年（昭和二十年）３月の大阪大空襲でこのあたり一帯は焼け野原になってしまった。そこで陸軍はその焼け野原に「飛行場」を作って、来るべき「本土決戦」に備えようとしたが、やがて8月15日に終戦を迎え、この土地はアメリカの進駐軍によって接収されて、進駐軍の飛行場として再整備され、小型機の発着場として利用された。このことを知っている人はもうほとんどいなくなったが、公園内には元飛行場であったことを記す碑が今でも残されている。

この飛行場は昭和二十七年頃、日本に返還され、約3年の歳月をかけて公園として整備され、その後も何度も再整備されて現在の姿になっている。

四ツ橋筋をさらに南に進むと「長堀通」との交差点「四ツ橋」に出る。四ツ橋についてはすでに紹介したのでここでは説明を省くが、この長堀通は昔の長堀川により水運が良かったので「材木屋」が立ち並んでいた。今でもその面影は少し残っているようだ。

四ツ橋筋をさらに南へ下って「道頓堀川」を越えて千日前通りと交わる辺りは「湊町」言うて、ＪＲ関西線（今の大和路線）の終点「ＪＲ難波駅」の入ってる「Ｏ―ＣＡＴ」と言う駅ビルに出る。近くには近鉄難波駅もあるにぎやかな街になった。

湊町を過ぎてもう少し行ったら、やがて元町あたりで御堂筋と合流して国道26号線となり堺を通って和歌山までつながっている。ここで道路「四ツ橋筋」とはお別れや。

さあ、次はもう一つ西の大通り「なにわ筋」に行ってみよう。

◆なにわ筋

「なにわ筋」は四ツ橋筋とあみだ池筋の間にある大阪の西部を南北に貫く幹線道路で、北は「十三（じゅうそう）筋」に南は「中開」に接続している幅40ｍの大通りである。現在２０２３年にできた新しい「大阪駅」と南海の「新今宮」駅を結ぶ地下鉄「なにわ筋線」が建設中で、２０３１年の開業を目指している。この路線は南海電鉄とＪＲ西日本が出資する第三セクターで、この両社が相互乗り入れすることになっている。この路線ができたら、外国人観光客にとっての日本の玄関口である「関西国際空港」と新幹線の「新大阪」を直通で結ぶことになり、大阪の発展にも大きく寄与することになると思う。また先ほど言った新しい「大阪駅西口」の周辺は、元・貨物線の引き込み線のあった広大な敷地で、現在「ウメキタ」開発の第2期工事が進行中で、すでに10年以上前にオープンしている第1期エリア「グランフロント」と直結して「グラングリーン」と名付けられ大都会の真ん中に広大な緑地を囲んだビル群と「大阪中央郵便局」があった土地に建てられた「JPタワー大阪」が誕生する予定である。

この「なにわ筋」はいわゆるキタやミナミの繁華街とは少し離れているので、通行するのはほとんどがビジネス関係の人か、最近特に増えてきたマンションの住民が多くなった。

この道は、先に四ツ橋筋の時に話した「靭公園」を南北に貫通していて、この道路より東側は「バラ園」や桜並木のある緑の多いエリア、西側は「体育館」やら「テニスコート」などのあるスポーツエリアになっている。そこから北に向かって行くと土佐堀川に架かる「常安橋」を渡る。橋の上から東側を見たらすでに何度か話に出てる「大阪市科学館」、「国立国際美術館」、「中之島美術館」などが見渡せる。また西側を見たら、大阪でも歴史ある「リーガロイヤルホテル」やら「国際会議場」の入った「グランキューブ」のビルが見える。ここが京阪電鉄中之島線の終点になっている。余談やけど大阪駅北の再開発でできたのが「グランフロント」、これから開業する「グラングリーン」、そしてこの「グランキューブ」と何や大阪は「グラン」とつけるのが好きやなあ。せやけど年寄りにはどれがどれやったか、なかなか覚えられへん。「グラン」とは英語で言うたら「グランド・ピアノ」なんかの、あの「グラン」や。

話を戻すと「国立国際美術館」はアメリカの建築家「シーザ・ペリ」の設計で、展示室や収納庫など美術館の中心施設はすべて地下にあり地上には玄関ホールとそれを覆うようなヨットの帆を模したステンレスの巨大なオブジェしか見えない。それまで大阪市内にある公立の「美術館」としては、１９３０年代に造られた天王寺にある「大阪市立美術館」ぐらいしかなく、大都市として文化的に「肩身の狭い」思いをしてきたが、これでようやく「文化都市」としての一つのシンボルが一つ誕生した。

一方最近できた「中之島美術館」はもともと１９７０年の大阪万博の会場に作られた「万博美術館」を解体するにあたり計画されたものでそこに収納されていた作品などを移設するためにだいぶん遅くなったけど２０２２年に建設され開場された。外観は「真っ黒な箱」のような形をしていて、すぐ隣の「国立国際美術館」のステンレスのオブジェと美しいコントラストを見せている。外部の広場には大阪出身の造形家「やべけんじ」が作った「シップキャット」と称する大きな猫の像が建っていて訪れた客の目を引き付けている。それだけや無しに、建物に入ったらすぐ横に3階までの吹き抜けに「トラやん」と称する巨大な「ロボット」が置かれていて、入館者を驚かせるのがいかにも大阪らしい。

この「トラやん」も「やべけんじ」の作品で、私は見たことないが、なんでも大声で呼びかけたら目が光ったり、手が動いたりするらしい。「ホンマかいな。いっぺん試したろ。」と思たけど、大勢の観覧者が居る前では恥ずかしいので止めといた。

中之島を超えて堂島川に架かる橋「玉江橋」を渡ったら、東側には朝日放送のビルがあり、この辺りは「ほたる町」と呼ばれていて、「福沢諭吉」の生誕の場所としても有名や。

別に「ホタル」が飛び交ってるわけやないと思うけど、何で「ほたる町」と名付けたのか知らんけど、おそらく堂島川の川べりにできているテラスの明かりが夜には「ほたる」のように見えるからと違うやろか。

ではもう一つ西の道路「あみだ池筋」に移ろう。

◆あみだ池筋

「あみだ池筋」の区間は北区の大淀2交差点から浪速区の芦原橋駅北の新なにわ筋との交差点までの5・4㎞。幅22mと、他の幹線道路に比べたら少し狭い。

この道路で堂島川に架かってる橋が「堂島大橋」、土佐堀川に架かってる橋が「土佐堀橋」でその間が中之島。この道路の東側の中之島に、なにわ筋のところで書いた「グランキューブ」や「リーガロイヤルホテル」がある。

「土佐堀橋」を南に渡って少し歩くと左側に公園が見えてくる。この公園が先に四ツ橋筋やなにわ筋のところで書いた「靭公園」の西の端である。ここを過ぎて長堀通との交差点「白髪橋」を越えたところの東側、北堀江に「和光寺（通称　あみだ池）」と言うお寺がある。このお寺の境内に「阿弥陀池」という池があってこれが「あみだ池筋」の名前の由来や。何で「あみだ池」と言うかいうたら、この池の底から「阿弥陀如来像」が見つかったという伝説があるからやそうな。この和光寺が建立されたのは元禄時代やけど、この仏像が池に沈められたのは、仏教が百済の国から日本に伝来したころに、廃仏運動が起こり、そのころに沈められたんやないかと言われている。エライ古い話や。

ではさらに西へ行って「新なにわ筋」に出よう。

◆新なにわ筋

「新なにわ筋」は北は「阪神電鉄　野田駅（通称　野田阪神）」から南は大和川に架かる「阪堺大橋」までの11㎞で幅員は途中にある汐見橋の部分を除いて幅約50ｍの大通りで、千日前通りの地下を走る地下鉄がこの通りの「西長堀駅」まで通じている。また途中の道頓堀川に架かる「汐見橋」の近くに「南海電鉄」の「汐見橋駅」があり、南海本線、高野線と「岸里・玉出駅」で連絡している。また近くには阪神高速道路の「汐見橋乗り口」がある。

この道路の北の起点である「野田阪神駅」あたりは昔は「藤の花」の名所で「太閤秀吉」も藤の花見をしたという話も残っていて、今でも立派な藤ノ木が残っているそうである。これを「野田藤」というらしい。

この道路が堂島川、土佐堀川を渡るあたりが「中之島」の西の端で、そこから二つの川が合流して、「安治川」、と名前が変わる。またこの中之島の最先端のあたりから南向きに「木津川」が分岐して、南の方で大阪湾に流れ込んでいる。この木津川沿いには昔は造船所が立ち並んでいて、大型船舶が通行していたので橋が少なく、この木津川の右岸「大正区」と左岸「住之江区」を結ぶ「千本松大橋（通称　めがね橋）は両端が長いらせん状のスロープになっていて、下を船が行き来できるように橋桁の高さが思い切り高くなっている。（空から見たら「メガネ」の形に見えるからこの名前が付いた。）大きな橋はこれぐらいしかないので今でもこの川を渡るためにこの橋の袂から無料の「渡し舟」があって通勤、通学者や一般市民の日常の足になっている。そういえばこのあたりは大阪湾に流れ込む河川が多く、このほかにも十数か所の「渡し舟」が活躍しているという。

この「安治川」の北岸には大阪の台所と言われる「大阪中央卸売市場」が広がっている。東京の「築地市場」が「豊洲市場」に移転後も「安くてうまい寿司」などで外国人にも人気がありにぎわっているようだが、この大阪中央卸売市場はそんなに観光客に人気があるということも無いようである。

これで大阪の中心部を走っている主な南北の道路の話は終わることにする。

◆通りについて

ここまで大阪の南北を走る「筋」を中心に話を進めてきたが、ここで東西を走る「通り」について少し整理しておきたい。

まず大阪駅前から御堂筋を南下すると、「梅田新道」の交差点に出る。ここを東西に横切っているのが「国道1、2号線」であり、この「梅田新道」の交差点を境に、東が「国道1号線」、西が「国道2号線」である。この国道の地下を「JR東西線」が走っている。さらに南に下り堂島川に架かる「大江橋」、「淀屋橋」を渡ると「土佐堀通」と交差する。そこを過ぎて南に行くと、大きな通りとしては順に、「本町通」、「中央大通り」、「長堀通」、「千日前通り」と続く。大阪の中心部の大きな「通り」はこれぐらいや。

大阪はどちらか言うたら東西の「通り」よりも南北の「筋」を中心に整備されてきた。

幾つかの「通り」についてはこれまでの中でも触れてきたのでここでは「千日前通り」についてだけ少し説明しておこう。

「千日前通り」は西は木津川に架かる「大正橋」から東は東成区の「深江」までの約7㎞の幹線道路である。地下には地下鉄「千日前線」が通っている。

ここで「千日前」という地名の由来について説明をしておこう。この千日前通りが戎橋筋の一つ東の通り「千日前筋」と交差するところに「竹林寺」と先に出てきた「法善寺」があり、この二つの寺では死者を弔うのに「千日回向」という「念仏供養」が行われてきたことに由来する。「千日回向」とは「一回参ったら、千日間参ったのと同じにする。」という、いかにも大阪らしい体裁は気にしないええ加減な考え方で、当時は大変な人気だったらしい。

また明治時代にはこのあたりには劇場や遊園地のある「楽天地」と呼ばれる歓楽街があって大勢の人でにぎわったという。

ただ江戸時代初期にはこのあたりに「刑場」があったことから、幽霊が出るとか、怨霊がとりついているとのうわさも絶えなかった。せやから「千日回向」と言うような簡便なお参りが流行ったのだろう。

そんな中、1972年（昭和四十七年）5月13日深夜、この場所にあった「千日デパート」の改装工事中の3階から出火し2階から4階まで延焼してその煙が上階にまで立ち上り、上階にあった「アルサロ」で遊んでいた客が非常階段の防火戸が開かず逃げ遅れ、死者118人負傷者81人という大惨事となった。その模様はテレビニュースでも放映され、多くの人が窓から転落する姿が映し出された。

このことから、人々の間では「やっぱり…」という噂が広がり、現場はしばらく手つかずの状態で放置されていた。

その後、どれだけ「お祓い」をしたのか知らんけど、新しいビルとして生まれ変わったが、いったん「ケチ」のついた場所はなかなかうまくいかず、新しいテナントも何回か入れ替わった。

世代も入れ替わり、そのような記憶も薄れてきた現在は、家電量販店のビルとして賑わいを取り戻している。

この千日前通りを東に行って堺筋を超えたところに、日本でただ一つの「文楽」の専用館、「国立文楽劇場」がある。

「文楽」言うても最近の人にはほとんどなじみはないやろけど、戦前までは船場の「旦那はん」や「御寮はん」の間では結構人気があって、なんかの寄り合いの席なんかでは、のど自慢の旦那が「浄瑠璃」をうなり、腕自慢の親父や御寮はんが、尺八や三味線で伴奏をして楽しんでいたという。ただ、そのころ「四ツ橋」にあった「文楽座」が1945年3月の「大阪大空襲」で燃えてからはそれまでの人気も陰り、おまけに文楽界の中での内輪もめなどがあって人気は凋落の一途をたどることになった。

それでも日本の誇る「芸能文化」として保存しようということで1984年にできたのが、先に紹介した「国立文楽劇場」である。

「文楽」の上演には3人の「人形遣い」、浄瑠璃を語る「太夫」、伴奏の「三味線引き」が必要でありいずれも歌舞伎と違って世襲制ではなく志願制なので後継者不足に悩んでいる。

「文楽」の話はこれぐらいにして、この千日前通りを東へ進むと上町筋との交差点「上本町六丁目（上六）」に、さらに進むとJR環状線の「鶴橋駅」に出るけど、前に書いたので説明は省く。

インバウンド

「インバウンド」と言う言葉はいつごろから使われるようになったのだろうか。詳しいことは知らないが、2000年代に入ってからではないかと思っている。特に安倍政権において「アベノミクス」とか言うて、大幅に金融緩和、財政出動をしたことによって、円が下落し、外国人が日本に来やすくなったことと、中国が世界第2位の経済大国になり富裕層が増えたことが大きな要因であろう。

それまでは、外国人による日本観光と言えば「京都」「奈良」など日本の歴史を感じさせる場所か冬の「北海道」のようにスキーを楽しめるようなところが定番であった。ところが中国人の観光客が増えるようになって、一躍「大阪」に観光客が押し寄せるようになった。彼らの目的は、まず「安くてうまい」大阪で食べまわることである。そのおかげで「くいだおれ」の本場「道頓堀」が彼らのターゲットになった。特に「たこ焼き」。

我々大阪人から見たら「なんであんなもんに、そんなに人気があるんやろう。」と不思議に思うが、とにかく「たこ焼き屋」の前には長蛇の列ができるようになった。おそらく客の目の前で焼いてくれて、値段の割にそこそこおいしい食べもんは外国にはないからだろう。そのうえわざわざ店に入らなくても、外国人の好きな「食べ歩き」ができるというところも人気の原因かもしれない。

それにしても何で外国人はあんなに「食べ歩き」が好きなんだろう。私の勝手な想像だが、おそらく「ハンバーガー」が世に出回ってからではないだろうか。ハンバーガー一つあれば、主食のパンはもちろん副食のハンバーグから野菜まで全部片手にもって食べられる。だけどハンバーガーも最近、だんだん中身が分厚くなってきて、計ったことないけど厚みが15㎝ぐらいあるんとちゃうやろか。試しに自分の口はどれぐらい開くやろ思って計ってみたら上歯と下歯の間でなんぼ頑張っても7㎝ぐらいしか開かない。そこへどないして15㎝のものを入れるんやろと若い人が食べるのをじっと見てたら、口に入れる前に指でギュッと押さえつけてから口に入れることが分かった。

ところが私なんか店でテーブルに落ち着いて、こぼさんように指でギュッと押しつぶしたつもりでも、その段階で中身がボタッとテーブルの上に落ちてしまう。それを横目（下目か？）でにらみながら、指で押しつぶされたハンバーガーを無理やり口の中へ入れようとすると、その段階でも残り少なくなった中身がポトッと落ちる。そんな時はそっと周りを見回して、だれも見ていないようだったら、コソッとテーブルに落ちた中身を拾い上げてパンの間に挟みなおして、何事もなかったような顔をして食べ続けるのである。

どうやらまともにハンバーガーが食べられるようになるにはかなりの訓練がいるらしい。私らの年代はその訓練ができていないので、どうしてもハンバーガーに手を伸ばしにくい。

その点「たこ焼き」は楽である。そんなに口を開けなくても、一口で一つまるまる口の中に入ってしまう。ただし初心者には注意しておくことが一つある。それは油断して口の中に放り込むと口の中がやけどをしてしまう恐れがあることである。かといって、いったん口に入れたものを衆人環視の中で吐き出すわけにもいかない。やむなく熱いのを我慢しながら目を白黒させながら口の中でモゴモゴして冷めてくるのを待つハメになる。

達人になったら、ふたを開けたペットボトルが用意されていて、進退窮まったらペットボトルの水を一口流し込む。そうすれば嘘のように問題は解決し、次からはフウフウしてから口に入れるという知恵が働くのである。

昔は日本人は戦場でもないかぎり「食べ歩き」なんかほとんどしなかった。私らが子どもの頃は「買い食い」言うて行儀の悪いこととして、親にも学校の先生にも叱られたもんや。

ところが今では若い娘さんが、ものを食べながら平気で街を歩いている。と言うか、それがファッションのようになっている。まあ、別にかめへんけど、くれぐれもこぼして他人に迷惑をかけんようにしてや。

次に外国人に人気があるのが「ドラッグストア」。日本では「ドラッグ」言うてもややこしいクスリは売ってない。どうやら外国人、特に中国人にとっては日本の薬はよく効くという信仰があるらしい。おそらく中国では「漢方薬」と言うイメージが強く、国産の「合成薬」はあんまり効かないので、日本で調達するのではないかと思う。知らんけど。

日本の「ドラッグストア」では最近、薬以外にもなんでも売るようになってきた。「パン」や「お菓子」はもちろんのこと「野菜」、「果物」を打っている店もある。そんな中で、中国人、韓国人に人気があるのは「紙おむつ」だという。なんでも日本製の「紙おむつ」は吸水性が高く扱いやすいらしい。だから、あのかさの高い「紙おむつ」をどっさり抱えて出てくる客をよく見かける。

「紙おむつ」の品質がいいということは当然、女性用の「生理用品」の品質もいいはずである。だから紙おむつの間に忍び込ませて、いや、今や「生理用品」なんて白昼堂々とテレビでも宣伝しているくらいやから、忍び込ませなくても堂々とたくさん買って帰るらしい。私は使ったことがないから知らんけど。

少子高齢化が急速に進んでいる日本では、最近、赤ちゃん用の紙おむつだけでなく高齢者用の紙パンツもよく売れているらしい。テレビなんか見ていてもこの大人用の紙パンツのコマーシャルが頻繁に出てくる。おそらく中国、韓国も日本以上に高齢化が進んでいるようなので、抱えてる紙おむつの中には大人用もだいぶん混じっているのではないかと思う、こんな風によく売れるもんやから心斎橋筋なんかは昔から高級ブティックや紳士服テーラーなんかが軒を並べていたけど、今はそんな店はほとんど見かけられなくなって、「ドラッグストア」が我が物顔で並んでいる。

昔は日本と言えば「電気製品」と言われるぐらい人気があったが、今では品質面でも価格面でも韓国、台湾などに追い越されてあまり人気がないようだ。だから電気製品の「爆買い」と言うことばも最近はあまり聞かれなくなった。最近は大阪ミナミにある電機の街「日本橋筋」も前ほどの賑わいはない。（ちなみに日本橋は東京ではニホンバシ、大阪ではニッポンバシと読む。）

外国人観光客が増えてウケにいってるのが「ホテル業界」である。もともと大阪という街はそんなに外国人観光客が来る街ではなかった。せやからちょっと高級なホテルは数えるくらいしかなかった。

このインバウンドが始まってからは大阪ではいっぺんにホテルが足らなくなってしまった。しかも京都、奈良を観光した客も大阪に泊まる客も多いので、この十年ほどの間に大阪の中にホテルが続々と建っている。

外国人観光客や言うても2種類あって、ぜいたくなホテルに泊まる「富裕層」、観光と買い物が主眼で宿泊にはあまり金をかけたくない「中間層」である。

以前は大阪の西成区には、昔、日雇い労働者が泊まる「蚕だな」と言われた「簡易宿泊所」がたくさんあった。それがいつの間にか改装して「ホテル」と名前を変えて営業している。宿泊にあんまり金をかけたくない外国人はこのようなホテルも結構利用しているらしい。また、ネットで予約できる民宿も増えてきているようだ。民家に混じってこのような民宿が増えて、住民とのトラブルも増えてきたという。どんなトラブルかというたら、まず夜中に大声で騒ぐので眠れないとか、立ち去った後にゴミが山のように残されたままとかいうのが多いという。

日本人はその点、「立つ鳥、後を濁さず」ということわざもあるぐらい、後片付けはきちんとしている。よく引き合いに出されるのがサッカーのスタジアムなんかで観戦した後、自分の出したゴミはもちろんのこと、周囲のゴミまで片付けて帰ると世界から絶賛されているとよく新聞なんかに載っている。

私も仕事の関係上、東南アジアや中国から来た研修生などに東京や大阪の街を案内したことがあるが、彼らが口をそろえて言うのは「日本の街はきれいだ。」という言葉であった。

ただ、あんまり偉そうには言えない。日本人がこのように街をあるいは自分の周りをきれいにするようになったのは、東京では１９６４年の「東京オリンピック」以降、大阪では１９７０年の「大阪万博」以降のことである。それまではゴミのポイ捨ては当たり前のように行われていたし、道端にゴミが山のように積み上げられているのもどこにでも見かけられた光景であった。

「日本人は他人の目を意識して行動する。」とよく言われる。だから「オリンピック」や「万博」のような国際的なイベントがあると、人々の意識も見違えるように変わるのである。

来年2025年には「大阪・関西万博」が開かれるので、訪日客はますます増えるだろう。

これらの訪日客には、日本人のいいところは取り入れてもらいたいし、外国人の主体性を持った生き方については日本人も学ぶところが多い。そういう意味からしても来年、大阪で国際的なイベント「万博」が開催されるのは、ともすれば内向きになりがちな日本人、特に大阪人の目を世界に開かせる絶好の機会として前向きにとらえることが必要やと思う。

大阪ではまだホテルの新築が続いているが、今、ホテル業界では従業員不足に悩んでいるという。特に日本の「おもてなし」は世界一と言われる。この品質を落とさないために従業員は厳選され、宿泊料金はまだまだ上がっていくだろう。

さて、大阪に来たインバウンドの人たちにとっての観光スポットはどこなのだろう。

京都なら「清水寺」、「金閣寺」、「伏見稲荷」、「二条城」、「嵐山」…等々いくらでも頭に浮かんでくる。だから観光シーズンの京都駅前のバス乗り場はインバウンドの人たちが長蛇の列をなしていて、地元の人たちが乗ろうと思ってもなかなか乗れないということで問題になっている。いわゆる「オーバーツーリズム」と言うやつである。

しかし、「大阪」と言われたら、私のように長年大阪に暮らしてきた人間でも、「どこへ行ったらエエ?」と聞かれてもなかなか頭に浮かんでこない。それは何でか言うたら、私ら年寄りはすぐ「観光」言うたら「名所・旧跡」を思い浮かべるからや。しかし、それは古い考え方で、今では「デパート」なんかでも人を集めるのは「モノ」やのうて「コト」やと言われている。つまり「いいものをいっぱい揃える」だけではなく、そこで何を経験できるかの方が重視されるようになってきたらしい。

だからインバウンドの人があれだけたくさん、先に述べた「道頓堀」、「戎橋」に集まるのである。あそこには「名所・旧跡」なんか一つもない。あるのは「たこ焼き屋」、「お好み焼き屋」、「串カツ屋」などの食いもん屋やら「ドラッグストアー」ばっかりや。せやけど、そこで歩きながら「たこ焼き」を食べるのが外国人にとっては「日本ならでは」の経験なのだろう。

と、こう書いたけど、やっぱりいわゆる観光に来ている外国人もたくさん居てる。そんな人はどこへ行ってるのかを調べたら、一位はUSJ、二位は大阪城、三位は道頓堀、後は海遊館、黒門市場、梅田スカイビル、あと、ハルカス、通天閣…と出てきた。ただ、黒門市場は「コロナ騒動」や、中国による日本の海産物禁輸政策の影響などにより、以前に比べ今はだいぶん客足は衰えているらしい。

こう並べてみても「観光」と言う感じはあんまりしないとこばっかりや。

まあ、大阪らしいというたら「大阪城」、「道頓堀」と「通天閣」ぐらいやろ。道頓堀については先にだいぶ書かしてもろたから、ここでは「大阪城」と「通天閣」の話をちょっとしておこう。

大阪城

大阪城言うたら誰でも知っているように戦国時代、豊臣秀吉が「石山本願寺」の後に建てた豪壮、広大な城であった。「であった。」と過去形を使ったのは、秀吉が建てたものは、今はほとんど目にすることができない。と言うのは秀吉が建てた大阪城は1615年の大坂夏の陣における徳川軍の攻撃によってほとんどが焼失して消えてしまったからや。その後徳川幕府二代将軍秀忠の時代に秀吉時代の石垣などは完全に埋め立てられ、その上に新しい石垣、天守閣、多門櫓、乾櫓などいくつかの建造物が再建されたが明治維新の戊辰戦争によって天守閣は再び焼失してしまった。

その後放置されたままになっていたが、「大阪人の太閤びいき」と言う言葉があって、大阪に「太閤さんが建てた大坂城」がこのままではいかんということで昭和六年、市民たちの寄付によって天守閣が鉄筋コンクリート造りで再建され、その後平成の大改修が行われ現在に至っている。

大阪城は、大阪平野の中心部を南北に走る「上町台地」と呼ばれる高台の北の端に位置し、今でこそ周りの高層ビルに囲まれて小さくなっているように見えるが、建設当時は高台に建つ超高層ビルと言うような感じで周りを睥睨していたのであろう。

今でも天守閣の周りは広大な大阪城公園、西の丸庭園、難波宮跡などで囲まれ、土地の高低差などもあって天守閣の最上階からは大阪平野、大阪湾あたりを見下ろすことができる。

ここでみんながあんまり知らん話をしよう。

大阪城の天守閣の入り口の横に長さ3mぐらいの青銅製の大砲が西向きに据え付けてある。

この大砲は江戸時代末期、外国から日本を守らなあかんということで大阪湾の突端「天保山」に「砲台」を作った。そこに据えられていたのがこの大砲である。明治時代は朝、昼、晩と日に三回空砲を鳴らして時間を知らせていたようだが、昭和に入ってからは、世の中に時計も出回ったこともあって、正午に一回だけ鳴らすようになった。明治生まれの私の母なんかは「お城のドン」といって時間の目安にしていたらしい。「ドンが鳴ったからそろそろお昼にしようか。」というように活用していたと言っていた。

今もある「天保山」という山は「日本一低い山」やと言われていて、確か標高4・5mぐらいやったと記憶している。今はこの天保山には東洋一と言われていた水族館「海遊館」や大観覧車などがあって、若者や外国人観光客の人気スポットとなっている。

「砲台」と言えば江戸時代末期、「浦賀」に黒船が来て以来、全国各地に作られ、東京の「お台場」という地名もその名残である。

次に「通天閣」の話をしよう。

通天閣

１９０３年（明治36年）、大阪で第５回内国勧業博覧会が開催され、当時の大阪商業会議所会頭土居通夫が理想的娯楽園を作るためにこの博覧会跡地に「新世界ルナパーク」を開設してパリのエッフェル塔を模した塔の建設を構想。１９１２年にルナパークとともに建設された。これが「新世界」と言う地名の始まりであり「初代通天閣」である。

この時の通天閣はパリの凱旋門の上にエッフェル塔の上部をのせたような形態で、高さは75ｍであった。それでも高層ビルなんてほとんどない時代、ひときわ高い建造物であった。

周りの街もパリに似せてこの通天閣を中心に放射状に道が伸びていたという。

この初代通天閣は１９４３年（昭和18年）、足元にあった映画館から出火した火災のため大破し、ちょうど戦時中の金属不足のため解体され供出された。

戦後「通天閣再建委員会」が組織され、初代通天閣の跡地はすでに家屋などが立ち並んでいたため、やや北に移動して１９５３年（昭和28年）に着工、１９５６年（昭和31年）に完成した。

ちょうどそのころ、私は大阪市阿倍野区昭和町の小学校に在籍していた。昭和町と新世界は４㎞近く距離があると思うが、そのころはまだマンションなどと言うものは影も形もなくほとんどの住宅が木造平屋かせいぜい2階建てだったので通天閣の建設がある程度進んでくると小学校の運動場からもよく見えた。

「なんや、あれは。」と騒いだ記憶は今でも残っている。学校の先生に聞いてもあんまりわかってなかったのか、はっきりした答えをもらえなかったので家に帰って母親に聞いたら、さすがは明治生まれ、先に書いた「通天閣の歴史」なんかもよう覚えてて教えてくれた。

そのころの新世界は「闇市」なんかが並んでいて、安い酒（中には「メチルアルコール」を混入したものもあり失明の危険があることから「バクダン」と呼ばれていた。）に酔っぱらったオッサンなどがウロウロしていて、学校では「絶対近寄ったらあかんで。」と言われていた。通天閣ができた後もその界隈には「ストリップ小屋」やら旅芸人の「芝居小屋」、あるいはいかがわしい映画を上映する「映画館」などが立ち並び、あんまりエエ環境とは言えん時代が長いこと続いた。

新世界には「じゃんじゃん横丁」と言う通りがある。なんで「じゃんじゃん横丁」と言うかと言うと、ホンマかどうか知らんけど、戦前まではこの通りには「料亭」なんかが並んでいて、そこから三味線の音が「じゃんじゃん」と聞こえたからやと言う説がある。

おんなじ三味線の音でも、昔の「宗右衛門町」では「チン・トン・シャン」と聞こえ、新世界では「じゃんじゃん」と聞こえるのはなんでや？　やっぱり土地柄か。なんて言うたら、また「差別や！」と言われるんやろなア。

戦後もだいぶん落ち着いてきた昭和30年代後半、ちょうど私が高校生になったころに初めて新世界に足を踏み入れた。それでもあたりには浮浪者がまだウロウロしていて、道端に新聞紙を広げてその上に鍋やら、靴やら、下駄やらを並べて売っていた。

おもろいのは中には、どこでひろて来たんか知らんけど鍋は蓋だけ、靴は片一方だけを売っていることもあった。誰か買う人がおるんやろか、と首を傾げたものである。

「靴が片一方」と言えば、昔おもろいことがあった。昭和60年ごろやったと思うけど、私は「阿倍野再開発」の仕事に携わっていた。ある時、部下に「今度の日曜日に、みんなでゴルフに行こう。」と言うことになった。だけどその中の一人I君はそれまでゴルフをやったこともなく、道具も持っていなかった。「道具はゴルフ場で借りたらええけど、靴ぐらいは自分のものを買うか?」と言うことで、近くの「新世界」へ靴屋を探しに行った。ぶらぶら歩いてたら、ちょうどエエ具合に靴屋があったので、足の寸法を言って適当な靴を出してきてもらった。そのうちの一つを選んで、右足だけを試着したところ、「ぴったりや」と言うのでそれを買うことにして、箱に詰めなおしてもらった。

さて日曜日、ゴルフ場にみんなが集合してロッカールームで着替えをしていると、I君が「あれ～」と素っ頓狂な声を出している。「どないした?」と聞くと「この靴、右足しかあれへん。」と言う。そういえば靴屋では右足だけを試着して箱に詰めなおしてもらって買って帰ったので、まさか右足二つが入っているとは思わなかった。I君は家に帰ってからも一度も確かめずにそのままゴルフ場に持ってきたようである。

「しゃあ～ないなあ。靴もゴルフ場で借りよ。」と言うことで、何とかゴルフはできたのだが、「ゴルフ道具」も「靴」も持ってないＩ君をいきなりコースに誘った私のミスや。

件の「靴」は数日後取り替えてもらったようだが、それにしても「客」も「客」なら確認もせんと品物渡す「店」も「店」や。ひょっとしたら、あの店は昔、道端で新聞紙を敷いて、片方の靴を売ってた人が店を出したんと違うやろか。

と、まあ40年ぐらい前の「新世界」言うたら、これぐらい「エエ加減」な街やった。

今は新世界の雰囲気もすっかり変わり、さっき言うたように外国人の人気スポットの一つに数えられるようになっている。

「通天閣」の話が出たら切っても切れんもんがある。それは「ビリケンさん」と「坂田三吉」や。

まず「ビリケンさん」の話からしよう。

◆ビリケンさん

「ビリケンさん」と言うのは１９０８年（明治41年）、アメリカの女性芸術家「フローレンス・プリッツ」が夢で見た幸福の神様で、当時のウイリアム大統領の愛称「ビリー」に小さいを表す接尾語

「―ｋｅｎ」を加えたのが名前の由来やそうな。実際に見たことのある人はわかると思うけど、てっぺんのとんがった丸顔の子どもの顔で、中に吊り上がった細い目が笑っているようで、なんとも不思議な顔をしている。当時この「ビリケンさん」は幸運のマスコットとして世界的に流行していて、それが日本にも伝わってきて、ちょうど建設された「通天閣」にも設置されるようになったという。

「ビリケンさん」は両足を投げ出して座っているが、その足の裏をなでたり掻いたりしたら幸運を呼ぶと言われているので、通天閣の展望台に上った人は、そこにあるビリケンさんの足をなでて帰る人が多い。さぞかしビリケンさんも「くすぐったい」やろなあ。せやからあんな、笑ってるような、泣いてるような顔をしてるんやろか。インバウンドが復活してきて、通天閣に上る外国人も増えてきて見よう見まねで足の裏をなでている。外国人にもそんな風習があるのかどうか、私は知らない。

ただ最近、言うても、もう2、3年になるかもしれんが新世界名物であったてっちりの店「づぼらや」が店を閉めた。「づぼらや」言うたら「てっちり」だけやのうて「てっさ」などふぐ料理全般を安く食える店として繁盛してた。近年はどれぐらいの値段やったかは知らんけど、高級ふぐ料理店では「てっちり一人前」1万円とか2万円とかしてた時に「づぼらや」では2800円とか3600円とかいう値段で食べられた。もちろん高級店では産地直送の「活ふぐ」を調理していたが、「づぼらや」はもちろん「冷凍もの」の「ふぐ」やったらしい。

せやけど、みんな偉そうに「あそこのふぐは冷凍ものやから、あんまり美味ないで。」とかいうけどホンマにみんな「活ふぐ」と「冷凍ふぐ」の味の違いが分かって言うてんのやろかと疑問に思っている。まして「ひれ酒」なんかでマヒした舌では、よっぽど通でない限りわかるはずがないと思ってた。少なくとも私には聞かん限りその違いがわかれへんかった。

この「づぼらや」も「コロナ」のせいで客足が途絶え、閉店を余儀なくされたのである。

そのほか通天閣への客寄せのために去年だったか、おと年だったか忘れたがこの通天閣に上から滑り降りる滑り台ができたらしい。できた当初はテレビなどでも取り上げられ、並ばな滑られへんぐらい流行ってたけど、今はどうなっているのかあんまり聞かない。60mほど滑り降りるだけで千円か五百円か知らんけど、インバウンドの外国人観光客はいざ知らず、金にうるさい大阪人に人気が続くとは思われへんけど、どないやろ。

次は、ちょっと変わった街「釜ヶ崎」について話をしよう。

◆釜ヶ崎

通天閣からほど近い南海電鉄「新今宮」の駅から一つ南の駅「萩之茶屋」にかけての一帯に昔は「釜ヶ崎」と呼ばれていた「日雇い労務者」が多く生活していた地域がある。この日雇い労務者のため、この辺りにはいわゆる「蚕だな」と言われた何段にもなったベッドが設置された低額で泊まれる「簡易宿泊所」が多くあった。それでもこの簡易宿泊所に寝泊まりできるのはいい方で、路上生活を余儀なくされている人間も多くいた。

大阪万博の開催された1970年にはこれらの路上生活者をなくすために「新今宮」の駅前に彼らの仕事を斡旋するための「職業安定所」や医療機関、それに彼らが定住できるように造られた「アパート」を兼ね備えた「あいりん総合センター」が建設された。この頃からこの地域は「釜ヶ崎」から「あいりん地区」と呼ばれるようになった。「あいりん」とは「愛隣」である。

この施設が建設された当初は、しばらくの間「路上生活者」も減ったように思うが、やがて「万博景気」も終わり「第二次オイルショック」などが重なって、「建設需要」が減るにつれて、再び失業者が街にあふれるようになった。毎朝6時ごろから「あいりん総合センター」の周りは職を求める労務者であふれ、彼らに仕事を割り振りする「手配師」と呼ばれる男の周りには、何とかその日の仕事にありつこうとする人（彼らのことは「立ちんぼ」と呼んだ）が群がり、「手配師」が迎えに来た建設業者のマイクロバスに人数を割り振りしていた。

ここで職にありつけた人はまだいいほうで、多くの労務者が職にあぶれ、昼日中から酒を飲んでその辺をうろうろしていた。せっかく造られた「あいりん総合センター」の「アパート」も家賃が払えなくて路上生活に逆戻りした人も多かった。

これらの人々の人生の哀感を歌った「釜ヶ崎ブルース」や「釜ヶ崎人情」などと言う歌が流行ったのもこの頃や。

これらの歌の歌詞を見ると、ここでは人の前歴や、氏素性など誰も問題にしない。ホンマかどうか知らんけど、中には高学歴の人も何かの事情でドロップアウトしてこの町に住みついた人もおったらしい。そういう人々にとってはこの町には一種独特の自由世界があったようで、割り切ってしまえば人情に厚い住みやすいところやったのかもしれん。ここでそういう気持ちを歌った「釜ヶ崎人情」の歌詞の一部を紹介しよう。

釜ヶ崎人情

「立ちんぼ人生味なもの　通天閣さえ立ちんぼさ　誰に遠慮がいるじゃなし　じんわり待って出直そう　ここは天国、ここは天国　釜ヶ崎」

そんな彼らの鬱屈した気持ちが、時々「暴動」という形で発散されることがあった。

「釜ヶ崎暴動」と言っても平和な今の世の中では、想像できないかもしれないので、当時の街の様子を再現してみよう。

この地域では1960年代から1980年代ぐらいにかけて頻繁に「暴動」が起こっていた。それも大概は7、8月と言う「真夏の暑いさなか」やったという印象が強く残っている。

何でかと言うと、「夏」は暑いから、多くの日雇い労務者や浮浪者が路上にタムロしていることが多い。彼らは、そうでなくても「自分たちは、世間から見放されている。」と言う被害者意識が強いので、ちょっとしたきっかけで人が群がってきて「暴動」に発展するのである。

あまりにも頻繁に起こっていたので、どんなことがきっかけやったかは、はっきりとは覚えてないけど、例えば「一杯飲み屋」で勘定するときに店員の対応が悪かった、とか「パチンコ屋」の玉の出が悪いからパチンコ台を叩いてたら店員に注意された、とか道端で寝転んでたら誰かに足を引っかけられたとかいうような「些細な事」が原因となって「大暴動」となり、時には「放火」されて火災になったこともあったと記憶している。

彼らは道路のコンクリートをたたき割って破片を出動した警察官に投げつけたり、近くを走っていた路面電車のレールの間に敷いてあった「砕石」を投げつけたりして多くの負傷者を出した。このような暴動が夏が来るたびに何十回と繰り返された。そのため、その頃この砕石を取れないように上に金網がかけられるようになったし、店も早じまいしてシャッターを下ろすところも多かった。

ちょうどそのころ東京では、同じく日雇い労務者の集まる街「山谷」でもしばしば「暴動」が起き、西の「釜ヶ崎」、東の「山谷」と言われたもんである。

道路を走ってる車にわざとあたりに行って、あるいは当たったふりをして治療費を脅し取る「当り屋」と言う連中がいたのもこのころの話や。

その後80年代に入ると、日本は「バブル時代」に突入し、「ジャパン・アズ・ナンバーワン」と言われるほど日本経済は絶頂期に入った。人々は好景気に浮かれ、繁華街では札束が乱れ飛んだ。

だがそのような時代も長続きせず、90年代に入ると政府の金融引き締め政策等によって土地の値段は暴落し、多くの企業が不良資産、不良債権を抱えて倒産し、90年代後半には、それまで絶対安全と言われた大手銀行、大手証券会社がつぶれたりして再編された。いわゆる「バブル崩壊」である。

1997、8年には多くの都市銀行が「不良債権」を抱え、数え切れないぐらいあった都市銀行がいくつかのグループに再編され、弱小銀行は淘汰されていった。それらの銀行は監督省庁であった「大蔵省」の官僚を接待漬けにして生き残りを図った。

「ノーパンしゃぶしゃぶ」での接待などが話題になったのもこの頃である。

それ以降日本経済は低迷し「失われた三十年」と言われる時代に突入することになる。

これまで日本経済発展の象徴であった「終身雇用」、「年功序列」、という制度は過去のものとなり、企業では新卒者の採用を手控え「リストラ」に名前を借りた「首切り」が行われるようになった。いわゆる「就職氷河時代」の到来である。

さらに悪いことにアメリカの金融会社「リーマンブラザース」の倒産によって世界経済は大きく落ち込むことになる。いわゆる「リーマンショック」である。

2010年代に入って政府および日銀は「超低金利政策」を取り、「財政拡大」によって日本経済を立ち直らせようと手を打ってきたがその結果として「円相場」が下落し、一時的には日本の経済は上向いたかのように見えたが、賃金の上昇が追い付かない物価高騰を呼び起こし、実質賃金の下落傾向が続いて、人々の生活はかえって苦しくなっていった。

それでも「円安」が幸いして、最近では輸出産業の大企業中心に、史上最高の利益を上げているところも増えてきた。その余勢をかって、政府自らが「賃上げ」を唱え、2024年度の春闘では5%を超える賃上げが実現された。その恩恵が実際に日本経済を支えている「中小企業」にまで波及したら、本格的な日本の復活が見えてくるのだろう。

このように経済の面では政府による様々な政策が次第に効果をあげつつあるが、日本にはもう一つ大きな問題がある。それは少子高齢化問題である。

最近の統計では特に東京、大阪などで「合計特殊出生率」（一人の女性が生涯に産む子供の数）が1を割り込んでいるところもあり、国力の衰退と言う面では放置できない問題である。

とはいえ、これは個人の自由にかかわる問題であり、政府としても有効な解決策を見いだせないまま、数十年が過ぎてしまった。もうそろそろ国民全体が事の重大性に目覚めるべき時ではないかと思う。

だいぶん話が暗くなってきたので次に行こう。

次は大阪が生んだ異才の人「坂田三吉」の話や。

◆坂田三吉

60歳を過ぎた人で「坂田三吉」の名前を知らん人はあんまりおらないと思う。何でか言うと、村田英雄が歌う「王将」が昭和40年代やったと思うけど大ヒットして巷に流れていたし、それより前やったと思うけどフランク永井が歌う「大阪暮らし」と言う歌もカラオケなんかでよく歌われていたからである。とはいうものの、これらの歌さえ知らん人が増えてきたので、「坂田三吉」の名前も、もう風前の灯火かもしれん。

坂田三吉は大阪府堺市の生まれで若いうちから将棋の才能に恵まれ。めきめきと腕を上げ、やがて大阪市西成区の方に居を移し、縁台将棋などでは向かうところ敵なしとなった。やがてプロとしても活躍し始め、当時将棋界は東京が主流であることへの反発もあって、自ら「名人」を名乗ったりしたこともあった。

「坂田三吉」で有名なのは「実力名人」をかけて戦った「南禅寺の決闘」である。相手は「木村義男八段」。この試合のそれぞれの持ち時間は30時間、1週間かけて戦ったというのだから驚く。(ちなみに現在の名人戦は2日制で、持ち時間はそれぞれ9時間)

この時の「坂田三吉」の初手がそれまでの常識を破った「九・四歩」。これが歌に歌われた「坂田三吉、端歩をついた。」の元話や。この歌詞の「端歩をついた」と言うところを「端歩もついた」と言う人もいるが「も」では話の筋が通らないと思うがどうやろか。

結局三吉はこの勝負には負けるわけだが、とにかく型破りな人であったらしい。大阪ではこんな人間のことを「やたけた」とか「やたけたな奴」と言う。

「やたけた」って何や、と言われても説明のしようがない。「やたけた」は「やたけた」や。まあ、あえて言うなら「八方破れ」というぐらいの意味や。

通天閣の足元にはこの「坂田三吉」の偉業をたたえて「王将」の碑が建てられている。

最近「藤井聡太八冠」のようなＡＩを駆使して研究を重ねた天才が出てきているので、おそらく今の時代に「坂田三吉」が出てきたとしても、おそらく全然歯が立たないやろうけど、大阪人として東京の権威に立ち向かった姿勢は見上げたもんやと思う。

大阪城、通天閣と出てきたら、次はなんや? 先に書いたように大阪には京都、奈良みたいに国宝級の「名所・旧跡」と言うもんがほとんどあれへん。しゃーないから歴史の古さで勝負しよう。

四天王寺

歴史の古さで言うたら何と言うても「四天王寺」やろ。「四天王寺」は西暦５９３年に「聖徳太子」によって建立されたと言われている。日本最古の木造建築物では、奈良の斑鳩にある「法隆寺」が有名やけど、法隆寺が建立されたのは西暦６０３年、その後すぐに焼失して、同６７０年に再建されたというから四天王寺よりも新しい。しかも驚くべきことに、この四天王寺を建てた宮大工の会社が「金剛組」と言う名前で今でもあるというからびっくりする。つまり１４００年以上続いた会社で、もちろん世界最古の会社として「ギネス」にも乗っているらしい。ただ木造建築による神社仏閣の仕事は最近では限られてきたので、この金剛組も単独では経営が成り立たず今から10年ほど前に吸収されてしまった。しかし会社としては今でも存続している。

よく、「大阪城は誰が建てたんや？　秀吉やろ。違う、大工さんや。」と言うような笑い話があるが、「四天王寺は誰が建てたんや？　聖徳太子やろ。違う「金剛組や」。と言うのはまだその会社があるだけにあまりにも生々しすぎて笑い話になれへん。

さてその「四天王寺」が建てられたころやけど、ちょうど大陸から「仏教」が伝来してきて、朝廷の中では「仏教派」であった蘇我氏と「反仏教派」であった物部氏が争っていた。

聖徳太子は仏教派につき、蘇我氏の戦勝を祈願して建立したのが四天王寺であったという。

結局、争いは仏教派であった「蘇我氏」が勝利し日本に仏教が広まるきっかけとなった。そのころは仏教が日本に伝来して間がなく、今みたいに何々宗と言うような「宗派もなかったので四天王寺の宗派は「和宗」と言う。

ということで四天王寺は建立された歴史は古いが、その後何度も天災や戦火で焼失し、現在の伽藍は昭和38年に再建されたものである。

四天王寺の伽藍配置は、中門、五重塔、金堂、講堂と一直線に配置されていて「四天王寺様式」と言われている。四天王寺の境内に入る西側の門は「西門（さいもん）」と言われ、その昔、まだ大阪湾がかなり内陸まで入り込んでいたころ、境内から西門を通して大阪湾に沈む夕日が眺められ、「西方浄土」信仰もあって、人々はその夕日を拝んだという。（これを「日想観」と言い弘法大師が始めたともいわれている）

弘法大師（空海）は聖徳太子を讃仰され、よく参拝されていたので毎月21日は大師の月命日ということで「大師会」（お大師さん）が催され、また翌22日は聖徳太子の月命日にあたるため「太子会」（お太子さん）として法要が営まれ、境内にはいろんな屋台が軒を連ねてにぎやかである。

さて「聖徳太子」は日本で最も多くお札に採用された人物で最初は１９３０年の百円券に始まり戦前2回、戦後5回も登場している。私なんかが子どもの頃は「お札」の代名詞として「聖徳太子」と言われていた。お正月のお年玉に「聖徳太子」（千円）が入ってたら大喜びであった。

世界遺産「堺　古市古墳群」

大阪には四天王寺より古いもんがいっぱいある。それは「古墳」や。「古墳」と言うのは、みんな知ってる通り、4世紀後半から6世紀前半にかけて作られた豪族や天皇の先祖の墓と言われ、大阪の堺市や羽曳野市、藤井寺市のあたりに巨大な古墳が集中していて、2019年に「百舌鳥・古市古墳群」として49基が世界遺産に登録された。中でも巨大なのが堺市にある「仁徳天皇陵」と言われている「大仙古墳」で東西の長さ660m、南北の長さ840mで3重の堀に囲まれており、その面積は464㎡と面積としては世界最大と言われている。

この古墳は昔から「仁徳天皇陵」として親しまれてきたが、「仁徳天皇」自体が日本書紀に記されているが、あくまで「神話」の域を出ないということで今の教科書では「大仙古墳」と表示されているようである。

ほかにも巨大古墳として羽曳野市にある「応神天皇陵」と言われてきた「誉田古墳（こんだこふん）」があるが、これらは「天皇陵」と言われてきたこともあって、「宮内庁」が管理をしており、発掘など学術研究は制限されている。

そのほかにも「古事記」の中に出てくる「日本武尊（ヤマトタケルノミコト）」の御陵と言われて

いる「白鳥陵」などこの古墳群は「日本神話」の宝庫である。「日本武尊」と書いて「ヤマトタケルノミコト」と読める人は、よっぽどの歴史好きぐらいに限られてきたんと違うやろか。

彼は、父「景行天皇」に命じられて、当時九州南部を支配していた「熊襲（くまそ）」を打ち、さらに東国に派遣されて東国を支配していた「蝦夷（えみし）」を平定して大和朝廷の日本統一に貢献した英雄として知られている。

その途中、今の静岡県あたりで、土地の豪族に枯れ草原に誘い込まれて周囲から火をかけられ、危うく命を落としそうになったが、持っていた剣で自分の周りの枯れ草を薙ぎ払ったところ、風向きが急に変わり囲んでいた豪族の方が滅びてしまったという神話がある。この時の剣は「草薙剣（くさなぎのつるぎ）」と呼ばれ、のちに天皇の地位を表す「三種の神器」の一つになったと言われている。

難を逃れた尊はその後、奥州に勢力を張っていた蝦夷（えみし）を打つため、相模湾から上総（今の千葉県中部）に船で渡ろうとしたときに急に海が荒れて危うくなった時、同行していた妃の「弟橘媛（おとたちばなひめ）」が海に身を投げて、怒る海神を鎮めたため、無事上陸し、蝦夷を征伐したという神話も「古事記」や「日本書紀」に書かれている。

その後、彼は尾張まで戻ってきて、しばらくは穏やかな日を過ごすことになるが、やがて「伊吹山」の神が暴れていると聞き征伐に向かうが、その時「草薙剣」を忘れてしまったため、伊吹山の神をおさめることができず、かえって自分が病気になり、今の三重県あたりで亡くなり、白鳥に姿を変えて西に飛び去ったという。その白鳥が飛んできたあたりが今の「羽曳野市」付近と言われ、そこにある「白鳥古墳」がヤマトタケルの陵墓として祀られてきた。

ここで出てきた「草薙剣」は、はるか昔、「天照大神（あまてらすおおみかみ）」の弟であった「素戔嗚尊（すさのおのみこと）」があまりにも乱暴者だったため「天上」を追い出され、出雲の国まで来たところ、媼と娘が「おいおい」と泣いているので事情を聴くと、この川の上流に頭が八つに分かれた「やまたのおろち」という大蛇がいて、毎年里に下りてきたときに娘を献上することになっていて、今年はこの娘の番になっているとのこと。そこで「素戔嗚尊」は酒の入った大きな甕を八つ用意させ、自らは娘のなりをして大蛇が出てくるのを待った。やがて大蛇が現れたので娘に扮した彼は、八つの甕の酒をすすめてたらふく飲ませ、大蛇が寝入ったところを剣で切り殺した。その時大蛇の胴体にカチッと当たるものがあり、何かと思って胴体を切り裂くと「剣」が出てきた。この剣がのちの「草薙剣」である。

この話は「古事記」に詳しく書かれていて、よく知られた話である。

この「やまたのおろち」の実態は、当時この地方でよく氾濫を起こし住民を苦しめた多くの川だと言われている。このように「民話」や「神話」の世界では自然災害をモチーフにした話が多い。

これらの話はあくまで「神話」の世界で「素戔嗚尊」はもちろん「日本武尊」自体が実在の人物であったかどうかも疑わしいと言われているので教科書には出てこない。

なんて話をしたって今の若い人やインバウンドの人にはあんまり興味はないやろなア。

けど、せめて日本人として「素戔嗚尊」や「日本武尊」は読めなくても「天照大神」を「テルテルボウズ」みたいに「テンテルダイジン」などと読まないような常識だけは身に着けておいてほしいもんや。

ここまで話をしたついでに、大阪になじみの深い「仁徳天皇」について少し話をしておこう。

「仁徳天皇」は「応神天皇」の第四皇子。応神天皇の崩御後、皇太子と皇位を譲り合ったが、皇太子が亡くなったため第十六代天皇として即位、都を難波（なにわ）高津宮に遷した。

即位四年、人家の竈（かまど）から炊煙が立ち上っていないのに気付いて3年間租税を免除した。その間、倹約のために宮殿の屋根の茅さえふき替えなかったという逸話が「記紀（古事記と日本書紀）」に記されている。つまりそれぐらい仁政をつかさどったと言われていて「仁徳」の名前はそこに由来している。ちなみに天皇の呼び名は一般に「おくり名（死後の名）」で呼ばれており、現在もその慣習が残されている。明治天皇、大正天皇、昭和天皇などと呼んでいるのはすべて「おくり名」であり在位中はすべて「今上（きんじょう）天皇」である。つまり天皇家には名字がないのである。

名字がないだけやのうて、公民権、つまり「選挙権」や「被選挙権」もなく政治的な発言権もない。要は「天皇」は「日本国民統合の象徴」と「日本国憲法に定められ、一般の日本国民が「憲法」で保障されている「基本的人権」に対して大きく制約されているのである。知らん人もいるかも知れないので念のため。

このように仁徳天皇は都を難波（大阪市）に決めたので、「大阪市歌」の歌詞にも仁徳天皇の逸話が謳われている。今ではこの歌を知っている人はほとんどいないと思うけど、私が小学校の頃には朝礼なんかの時にみんなで歌ったものである。もうあんまり歌われんようになったみたいやから、消えてしまわんように大阪の話をしてきたついでに記録としてここに一番だけを記しておこう。

大阪市歌
高津の宮の昔より　代々の栄を重ねきて　民のかまどに立つ煙
賑わいまさる大阪市　賑わいまさる大阪市

住吉大社

古墳の時代まで遡ったから、もっと古いもんが大阪にはあるという話をしよう。それは大阪市南部

の住吉区にある「住吉大社」や。「大社」と言うのは神社の総元締めみたいなもんで
住吉大社は全国にある約2300の住吉神社の総元締めである。中でも天皇とゆかりの深い神が祀られている神社は「神宮」と呼ばれていて、その頂点に立っているのが、「天照大神」が祀られている「伊勢神宮」であり初代天皇「神武天皇」を祀ってあるのが奈良の「橿原神宮」、明治天皇を祀ってあるのが「明治神宮」や。

さて話を「住吉大社」に戻そう。

住吉大社は「神功（じんぐう）皇后」によって西暦211年に創建されたと言われている。今から1800年以上も昔の話である。「神功皇后」と言うのは、先にお話しした「仁徳天皇」の2代前「仲哀天皇」の后で仲哀天皇が崩御された後、次の「応神天皇」が即位するまでの約70年間の間、実質的に国を治めてきたという伝説的な皇后である。

その間、朝鮮半島の新羅を平定して、無事帰還。その途中で住吉大神の神託によって、その地に住吉大社を創建されたと言われている。社は第一本宮から第四本宮まであり、第一から第三まではそれぞれの神が、そして第四本宮には神功皇后が祀られている。建物の様式は「住吉づくり」と言われる独特の様式で、大阪では数少ない「国宝」に指定されている。創建当時は境内の目前まで海が迫ってきていて、正面には数多くの石灯籠があり、海の守り神として信仰を集めてきたという。

しかし今では御田植神事などもあり、農耕の神様としても、あるいは神功皇后が新羅からの帰途に

後の「応神天皇」を出産したことから「安産祈願」の神様としても人気があり、「何でも来い」の神さんとして大阪人には「住吉っさん」と呼ばれて親しまれている。

毎月、最初の辰の日は「初辰まいり」と言ってその日にお参りすれば、ご利益が倍増するとかで、賑わいを見せてきた。最近はどうか、私は知らない。

正面の鳥居は「住吉鳥居」と言われて柱は「四角形」であり下の横材は両端が柱を突き抜けていない独特の形である。

鳥居をくぐると「反り橋（通称　太鼓橋）」が池に架かっていて、上り始めと降り終わりはかなりの急こう配で昔は滑り止めの横桟木のところに足かけ穴があけられていて、子どもの足なんかは、スッポリはまり込んでしまいそうで、私も子どものころ親に連れられてお参りした時は、怖くて足がすくんだのをおぼろげながら記憶している。（今は急ではあるが階段状になっていて年寄りでも手すりにつかまって上れば安心である。）

そんなことを思い出していると、「川端康成」が「反り橋」と言う小説の中に、同じようにその穴が怖かったと記しているという話を聞き、なんとなく「川端康成」と私に共通点があったような気がして、なんだか自分も子供の頃は「川端康成」と同等の感受性を持っていたんやないかとうぬぼれている。

この「反り橋」は淀君が息子、秀頼の成長を祈願して寄進したと言われているが、大阪人の「太閤びいき」から見ると、まんまと家康の策略にはまって、神社への寄進、寺の建立、などで豊臣の金を使わされたのではないかと勘繰ってしまうのである。

そのほか、この住吉大社は、昔話の舞台としてよく登場する。

例えば「浦島太郎」の舞台は、この「住吉の浜」であったとか、「金太郎」が鬼退治に行く前に祈願に来た。とか「一寸法師」の話では、老夫婦が子授かりの祈願に来て一寸法師が誕生した。とかどこまで本当かわからない話も多い。

最後に「えべっさん」の愛称で知られる「今宮戎神社」についてのお話をしよう。

「えべっさんと大黒さん」

「戎神社」と言うのはそこら中にあるから、どれだけあるのかは知らんけど、有名なのは毎年「十日戎」の日に開門と同時に参拝者が本殿までダッシュしてその年の「福男」を決める「西宮戎神社」で全国の「戎神社」の総本社やけど、今宮戎の方も商売の街大阪にあるだけあって、十日戎の頃は「今宮戎」の方がにぎやかやともいわれている。

境内で笹に鯛や塵取りなどの縁起物をぶら下げて売っている「福娘」の掛け声からして「商売繁盛で笹持ってこい」と、大阪弁丸出しみたいな感じがする。

ご祭神のえびす様は七福神の一人で元は中国の神様で漁の神様やから右手に釣り竿、左手に鯛を抱えている。えびす様と大黒様はよく混同されて「えびす大黒」などと言われることがあるが、えびす様は漁業の神、大黒様は農業の神様で大黒様は大きな袋と打ち出の小槌を持っているから違いが判る。

大黒様は何であんなに大きな袋しかも接ぎだらけの袋をぶら下げてるか。それは彼は何人かの兄弟の末っ子で、兄からしょっちゅういじめられていた。だからどこかへ行くときも、兄の分の荷物も持たされていたらしい。

「因幡の白兎」と言うおとぎ話はみんな知ってるやろ。ワニ（今でいう「サメ」）をだました白兎が、皮をむかれて泣いているところに大黒様が通りかかり、「蒲の穂」で身を包めば治ると教えてあげる、あの話や。その時も大黒様は兄たちの荷物を大きな袋に詰めて持っていた。話の前段に、兄たちが先に泣いている白兎のそばを通りかかった時に、剥かれた傷口に「唐辛子」を塗ったら治ると嘘をついて、兎を余計に苦しませたというところがある。それぐらい意地悪な性格だった兄たちに比べ、大黒様は心優しく、ある時娘を助けたお礼にもらったのが、振れば願いが叶うという「打ち出の小づち」。彼は袋とともにこの「打ち出の小づち」をいつも持っていた。

ここまでの話は、だいぶん前に読んだ「古事記」の記憶に頼っているので、間違えてるとこがあるかもしれんけど、だいたいはあってると思う。

えびす様は「鯛と釣り竿」、大黒様は「袋と打ち出の小づち」こう覚えといたら間違えない。

えびす様は大きな耳をしてるのに耳が遠いと言われていて、お参りするときも前から静かに拝んだだけでは、思いが届かないので裏に回って裏木戸を思い切りたたきながら「えべっさん、今年も頼んまっせ。」と大声で叫ぶのが良いと言われているのもいかにも大阪らしい。

十日戎の時は「宝恵籠（ほえかご）」言うて、籠に南地（今の宗右衛門町）当たりの芸妓（げいこ）が自分の「源氏名（芸妓名）」を書いた提灯をぶら下げて、担ぎ手や町衆が「宝恵籠、宝恵籠、ホイ、ホイ、エライヤッチャ、エライヤッチャ」と掛け声をかけながら街を練り歩くのが大阪の風物である。

大阪の風物と言うたら、ここで天神祭りのところで話した「大阪締め」の話をしておこう。

日本人は、何か催しが終わるときに、「手締め」をする風習がある。一般的には「三本締め」と言って、三三七拍子の拍手を三回することが多いが、最近では簡略化して「一本締め」つまり「ヨー、シャン」だけで終わる場合が増えてきた。

ところが、大阪では「大阪締め」と言う三本締めに比べたらどこか間の抜けたような手締めが昔はよく行われていた。どんな手締めかと言うと

「打ちましょ、チョンチョン、も一つせー、チョンチョン、祝うて三度、チョチョンがチョン」（チョンのところで手を打つ。）と言うものである。（「しょ」のところを大阪人は「ひょ」と言う場合

もある。）

どんな時に使われてるかって？

私の知ってる限りでは例えば、大阪歌舞伎の千秋楽、天神祭りの「船渡御」で船同士がすれ違う時、大阪取引所の大納会、等々、大阪だけの催し物の終わりの時や。

大阪人でも知ってる人が少ななって来たと思うので、これを機会に一人でも継承してくれる人が増えたらありがたいと思うとります。

国内旅行が楽や

日本人が海外旅行に行って一番戸惑うのが「チップ制」ではないだろうか。日本ではどこへ行ってもチップなんか払うことがない。払うとすれば新婚旅行で泊まった時の「ご祝儀」、あるいは道ならぬ相手と温泉宿に泊まるときの「心づけ」ぐらいか。二つとも「黙って部屋に入ってきたりして邪魔せんといてや」と言うシグナルなのである。

以前、会社の仲間とパリを中心にヨーロッパ旅行をしたことがある。ホテルに着いてチェックインを済ませると、ボーイが荷物を下げて部屋に案内してくれた。部屋に着くと「荷物をどこに置きましょうか？」（言葉がわからんから、おそらくそう言うたと思う。）と言うので部屋の隅を指さしたらボーイがいくつかある荷物をそこに置いたままなかなか出ていかない。連れの人と顔を見合わせて「何してんねんやろ」と首をかしげていたら、ふと気が付いた。「そうや、チップや。」あわてて小銭を渡すといそいそと出て行った。

「疲れたからビールでも飲もか。」と冷蔵庫からビールを取り出したが、どこを探しても栓抜きがない。しょうがないからフロントに電話して栓抜きを持ってきてもらうように頼んだ。（これも片言の英語で、よう通じたもんや。）

しばらくするとドアをノックしてボーイが栓抜きをドアの間から差し出した。「ありがとう」とドアを閉めようとしてもボーイは立ち去らない。「何でや？」「そうや、チップや。」と気が付いてポケットから小銭を出して渡すと「メルシー」ともいわず立ち去った。「メンドクサイ国やなあ。」と思ったけど「郷に入れば郷に従え」や、しょうがない。それからは、レストランに行く時も、買い物に行く時も「チップ、チップ」とつぶやきながら歩いていた。

あくる日、起きて部屋を出ていこうとすると連れが「枕元に金置いとかなアカンで」と言う。「何で？　オレ何にもしてないで」と言うと「違うがな、枕銭や。」と言う。そういえば出発前に旅行社の人が、「朝、部屋を出るときにはメイドへのチップとして枕元に小銭を置いておいてください。」と言っていたのを思い出した。そういえば寝てる間は「チップ、チップ」とつぶやくのを忘れてた。ホンマにメンドクサイ。

メンドクサイのはしゃあないけど、いったいいくら置いたらええんや？　旅立つ前に大体支払いの10％から15％ぐらいとは聞いていたけど、メイドのベッドメイク代て、なんぼぐらいやろ。考えても、考えてもわからない。しゃーないから小銭入れに入っていた小銭を全部置いといた。あれでよかったんやろかと今でも頭を悩ましているのである。

今は世界中どこへ行ってもキャッシュレスの時代やと聞く。キャッシュレスの場合チップはどないなってんねやろ。最近、海外へ行く用もなくなったから、チップのことに頭悩ます必要はなくなったけど、ホンマ、キャッシュレスの場合どないすんねやろと、また悩みが増えた。

このごろは、中国でも韓国でも財布を持って行かんでもスマホ一つあればだいたい用を足せるらしい。と言うよりタクシーに乗っても店で買い物をしても現金で支払おうとすると断られることがあるらしい。日本人、特に高齢者はいまだに現金払いが大半である。なんで日本ではこんなにキャッシュレス化が遅れたのか。

その理由の一つに、日本の治安の良さが挙げられる。日本以外の国で大金をもって出歩いているといつ何時襲われるかわからない。日本では何か忘れ物、あるいは落とし物をしても、届ければ大概戻ってくる。私なんか荷物の多い時に駅で、あるいは空港でトイレに行くとき平気でベンチに荷物を置いたまま用を足しに行く。戻ってきたときに無くなっていたというようなことは一度もない。ところが外国ではこうはいかない。

また、さっきのパリのホテルでの話で恐縮だが、ある日、一日の旅程を終えてホテルに戻り、ロビーのソファに座って連れと話をしていた。話にも疲れたのでそろそろ部屋に引き上げようかとエレベーターに乗った。その時、連れが持っていたカメラをロビーのソファに置き忘れてきたことに気が付いた。あわてて引き返してみたがすでに無くなっていた。その間、ほんの2～3分であった。フロントに尋ねても忘れ物の届けはないという。

まあ世界標準と言うのはこんなもんで、日本が特殊なのだろう。この治安の良さと日本人の正直さが「デジタル化」が遅れた原因の一つかもしれない。

次に日本人には「現金」に対する信仰のようなものがある。これは政治の安定と深くかかわっている。

日本では戦後の混乱期を除いてびっくりするようなインフレは起こっていない。世界を見渡すと年間のインフレ率が年、数百％と言うような国も少なくない。そんな国では現金を持っていてもすぐ紙屑同然になってしまうので貯金という事を考えない。

ところが日本では「狂乱物価」と言われた第一次オイルショックの後でも一部の不動産を除いて年10数％のインフレ率でとどまっていた。だから日本は世界一の貯蓄大国だと言われ、特に高齢者は現金を手放さない。最近でこそカード払いや電子決済などが増えてきているが、それでも現金のほうがいくら払ったかという事が一目瞭然なので使いすぎるという心配がないという。

スーパーなどで見ているとほとんどの客はレジで現金を払っている。それだけに日本人はお札を大切にする。たいていの日本人はお札をきちんと財布に入れて持ち歩いていて、ポケットにくしゃくしゃに畳んで持っている人は少ない。だから日本の紙幣はきれい。

今はどうか知らんけど東南アジアに行ったら触りたくないようなお札が出てくる。だから食事時なんかにお札を触りたくない。これは中国やヨーロッパでもあまり変わらない。だから電子決済が発達したのではないだろうか。(と勝手に考えている。)

私も後期高齢者の最盛期に差し掛かっているが、いくつかのクレジットカードは持っているものの、念のため財布に現金を欠かしたことはない。少しまとまった買い物をした時などはこのクレジットで払う。何でそうするかというと、そうするとポイントが付く。このポイントがバカにならない。デパートで買い物をした時に、ポイントがたまっていれば、まるでプレゼントをもらったような気分になる。

時々、コンサートのチケットなどを予約するときクレジットカードで決済するときがある。その時にカードナンバーを登録する必要があるが、もし相手が詐欺犯だったらと思うと緊張でドキドキする。体に悪い。

だけど、ペイペイだとかスマホで決済するアプリは余計に心配だから未だに使ったことがない。使ったことがないのでよくわからないが、スマホを使うと、またＩＤだとかパスワードとか言われそうで体がすくんでしまうのである。ＩＤ、パスワードと言われないまでも、少なくともＱＲコードは必須である。このＱＲコードが苦手である。ジーっと見ていてもなんでこんなごま塩のようなもので個人判別ができるのかがわからない。

それにスマホはよく置き忘れる。置き忘れたときに勝手にペイペイを使われたら大変である。だからスマホ決済はまだ未経験なのである。このまま中国へ行ってマゴマゴしていたらいっぺんに挙動不審者として連行され収容所に入れられるだろう。

一旦収容所に入れられたら日頃の行いが行いなだけに一生出てこられないかもしれない。

当分は中国に行くのは止めておこう。

最近中国で日本人がよく逮捕されて拘留されるという事件が多い。ひょっとしたら彼らは現金だけしか持ってなくて、うろうろしているからつかまったのではないだろうか。（これは冗談。）

大阪のみやげ

「土産」と「手土産」では意味が違うような気がする。「お土産」と言えば自分が住んでいるところと違うところへ行ったときにその土地のものを買って家に持って帰る、あるいは知人に買って帰る品物のことを言い、「手土産」と言えば知人の家あるいは初めての家を訪問するときにもっていく地場

の品物のことを言う。（と思っているのは私だけかもしれない）

昔、と言っても二十年ぐらい前までは、大阪駅の地下通路に都道府県ごとの「お土産」を売っている小さな店が並んでいた。だから旅行に行って「お土産」を買い忘れたり、荷物になるのが嫌な場合はそこでお土産を買って帰ることができた。だけど今はもう無くなったからそんな芸当はできなくなった。

これは「お土産」だからそんなごまかしもできたのだが「手土産」となるとそういうわけにはいかない。昔は大阪の手土産いうたら「をぐら屋の塩昆布」、「津の清の岩おこし」、「駿河屋の羊羹」が定番であった。「をぐら屋の塩昆布」の中でも四角く切って乾燥させ、塩を吹いた、いわゆる「塩吹き昆布」が上等で値段も結構高かった。

普通、塩昆布なんてお茶碗に御飯がちょっと余った時に「なんか無いか。」と言われたときに、オズオズと出てくるぐらいのもんで、決してメインのおかずではない。だから知らん人はこの「塩吹き昆布」をもらっても「なんや、しょうむ無いもんをくれたんやなあ」としか思ってくれなかった。だからうちの母親なんかは「値打ちのわからん人には持っていかんでええで。」とよく言っていたものだ。今でも年寄りの間ではその名残が残っていて「をぐら屋」は廃れたけど、をぐら屋からのれん分けされた「小倉屋山本」や「神宗」の「塩昆布」のほうが有名で手土産にもらうことがある。だけどほとんどの人が「値打ちのわからん人」になってしもたのか、あんまり喜ばない。（ちなみにこの

「小倉屋山本」は小説家「山崎豊子」の実家である。彼女は自分の実家の栄枯盛衰を小説「暖簾」にあらわしている。)

「津の清の岩おこし」なんか、もっとひどい。おそらく名前すら知らん人がほとんどやないやろか。それでもデパートに行ったら、売ってることは売ってる。

「岩おこし」は何でも縮めるのが好きな大阪人は「いわこし」と言う人もいた。それ以外に何が違うんか知らんけど「粟おこし」というのもあった。どっちも「粟」の実を砂糖で固めてショウガ味をちょっと利かせたお菓子で、だいたい10㎝×7㎝、厚さが10㎜ぐらいで3等分ぐらいに割れるように切れ目が入れてあった。噛もうとするとそれが結構固い。歯が欠けそうなぐらい硬い。せやから「岩おこし」と名付けたんかどうか知らんけど、年寄りには無理なような気がする。

昔は、なんでか知らんけど葬式の家の前を通りかかるとこの「岩おこし」をくれたことがよくあった。子供心に覚えている。最近はこの硬い「おこし」はあんまり見かけなくなって、他のメーカーがもうちょっと柔らかくて甘い「おこし」を出しているが、洋菓子に比べてあんまり人気がないようだ。

次に「駿河屋の羊羹」の話をしよう。「駿河屋の羊羹」は室町時代中期に「岡本善右衛門」が「鶴屋」の屋号で饅頭処を開いたのが始まりで、「羊羹と言えば駿河屋」と言われるほど歴史のある銘菓で、豊臣秀吉も愛用したという。この大阪駿河屋からのれん分けされて堺に開かれた「駿河屋」が

「与謝野晶子」の実家であり、今でもその場所には石碑が立っている。

この駿河屋の羊羹は手土産として最近あんまり見かけなくなったし、デパートなんかで羊羹と言えば「とらや」のほうがずっと大きい顔をしている。だからあんまり記憶にないが、「とらやの羊羹」よりだいぶん小ぶりやったように思う。銀紙に裏打ちされた「竹の皮」に包まれていて、端っこのほうは砂糖が固まっていてゴリゴリしていた記憶がある。そのゴリゴリ感に結構人気があった。この二つが大阪の手土産の双璧であったが、もうちょっと気の張る人への手土産には「鶴屋八幡」の和菓子がある。

今でも大阪の古い人は「鶴屋八幡の和菓子」言うたらちょっと襟を正さんならんような感覚を持っている人が多く、正式なお祝いや式典などの手土産には「鶴屋八幡」の「紅白饅頭」にこだわる人もいるが、このごろは普段のお茶請けなどには金沢や滋賀県の和菓子のほうが人気があるようだ。

というより若い人の間では「和菓子」より「洋菓子」のほうが圧倒的に人気が高い。だから大阪の手土産と言っても「京都」や「神戸」の洋菓子になることのほうが多い。

手土産のほうはそういうことで、大阪産の和菓子はかなり劣勢に立たされている。

そしたら、「お土産」のほうはどうか。

この方は「551の豚まん」の右に出るものはない。それも東京人に人気が高いらしい。ただこの

「豚まん」は結構強烈なにおいがする。大阪から東京方面に向かう新幹線に乗るとこの「豚まん」のにおいが充満していることがある。「豚まん」が好きな人はいいが嫌いな人にとっては地獄の二時間半である。

そんなことでお客さんからの苦情もあったのかもしれないが、最近では「冷凍の豚まん」というのがあるそうである。これは各家庭に「電子レンジ」が行き届いたおかげであろう。

なんで「豚まん」がこんなに東京人に人気があるのか。

東京では「豚まん」のことを「肉まん」という。前にも書いたように東京では「肉」と言えば「豚肉」を指すことが多い。大阪では肉と言えば「牛肉」のことを指す。だから「肉まん」とは言えないのである。

大阪ではこの豚まんにソースをかけて食べる人が結構いる。と言うよりはそれが主流である。東京人はほとんどが「からし醤油」につけて食べることが多いらしい。

これを見ても大阪は「ソース文化」であり東京は「醤油文化」であるといえる。「たこ焼き」も「お好み焼き」も「ソース文化」である。そのせいか「ソースメーカー」は圧倒的に大阪近辺に多い。昔は「カレーライス」にもソースをかけて食べる人が多かった。

「カレーライス」が出てきたついでに「自由軒のカレーライス」話をしよう。

大阪が生んだ作家に「織田作之助」がいる。この織田作之助がこよなく愛したのが「自由軒のカレーライス」で場所は昔のままかどうか知らないが、道頓堀の裏筋あたりにある。ここの「カレーライス」は客に出す前から飯とカレーが混ぜてあって、真ん中に生卵の黄身が載っている。客は食べるときにそれにソースをかけて卵の黄身も混ぜて食べるのが流儀にかなった食べ方である。おそらく知らん人が見たら眉を顰めるのではないかとおもうが、それが正式な食べ方なのである。

昔、戦後間もないころ、梅田の阪急百貨店の大食堂に「ソーライ」というメニューがあったことを知っている人はもうそんなにいないだろう。「ソーライ」とは「ソースライス」の略で「御飯」に「ソース」をかけただけのものである。そのころはそれぐらい貧しかったのである。それでもデパートの大食堂というのはあこがれの的だった。しばらくして少し余裕が出てくると「お子様ランチ」というのができてきて、もうこれは子供たちにとっては年に一度のごちそうであった。山型にかたどったチキンライスの上につまようじで作った日の丸がさしてあるのがうれしかった。今の子供は「日の丸」なんかでは喜ばない。

また子供たちに人気のメニューいうたら「オムライス」がある。この「オムライス」も大阪ミナミにある「北極」という店が発祥の食べ物である。

だいぶん「豚まん」から脱線したが、最後に「アゲマン」というのは食べ物と違うので念のため。

豚まんの次に人気があるのは何だろうと調べてみたら「りくろーおじさん」の「チーズケーキ」ら

しい。この「りくろーおじさん」がいつ頃できたのか知らないが、私が1990年代に大阪の戎橋商店街で仕事をしていたころ、「りくろーおじさん」という店ができたらしいで、というのを聞きつけて買いに行ったことがある。今、いくらするのかよく知らないがそのころは直径20㎝以上あるようなチーズケーキが500円で売っていた。ただそのころのケーキはなんだかパサパサしていてまるで「蒸しパン」のような感じだった。（ように思う）

最近、買ってきてもらったのを食べると、シットリ、フワフワしていて結構おいしい。これやったら表に出しても恥ずかしくない。たまに店の前を通るとお客さんが並んで焼きあがるのを待っている。商売は一つ当てればこんなに人気が出るもんやとつくづく思うのである。ちなみに「551の豚まん」もどこの店でも客が並んでいる。大阪人はあんまり並ぶのが好きやないから、おそらく東京人がその中に大分混じっているのだろう。

買うのに並んでる言うたら、大阪堂島に本店がある「堂島ロール」も結構人気がある。北海道産の生乳を使ったオリジナルクリームをタップリ使ったロールケーキがある。タップリ言うたらホンマにタップリ使ってあるから食べ応えがある。甘みもタップリやから甘党の人には満足してもらえると思う。

お菓子で言うたら、大阪らしいふざけた名前のお菓子「面白い恋人」と言うのがある。これは言うまでもなく北海道の銘菓「白い恋人」をもじったもので、作りも味もよく似ている。よく似ていると言えば仙台の「萩の月」に名前がよく似たミルク饅頭「月化粧」がある。萩の月ふわっとした生地で包んであるのに対して月化粧は「ミルク饅頭」と言う名前の通りしっとりとした生地で中の餡をくるんである。

いやあ大阪いうたらやっぱり「たこ焼き」か「お好み焼き」やで、と言う人には最近、と言うてもだいぶん昔からあるが、それぞれ冷凍のやつがあるらしい。

もう一つ、最近テレビのコマーシャルでよく見かけるのが「茜丸」の「どら焼き」である。どら焼きと言うのは形がドラに似ているからそう名付けられたと思うが、大阪では「三笠饅頭」ということが多い。(というより多かった。)これは横から見たら奈良の「三笠山」の形に似ているからだと思う。(皮の真ん中に餡子を挟んで三つ重なってるからという説もある。)

万葉集にある「天の原　ふりさけみれば春日なる　みかさの山に　いでし月かも」と言う「阿倍仲麻呂」の歌の三笠山である。「どら焼き」というより風流やないですか。

だから私なんか「どら焼き」と言う言葉は「ドラえもん」で初めて知ったぐらいである。

ついでに言っておくが、この茜丸のテレビコマーシャルでは社長が踊りながら宣伝をしている。こういうおどけている姿を大阪弁では「いちびってる」と言う。あるいは「おちょけてる」と言う。こういうすぐ調子に乗る人のことを「いちびり」という。参考までに。

この「いちびり」と対極をなすのが「ネソ」や。何やってもあんまり喜ばず、しゃべらず「ブスッ」としてるのが「ネソ」や。この「ネソ」のわりに女が好きなんが「ムッツリスケベ」や。あんまり感心せんけど。

言うたらアカン

最近、言うたらアカン、もちろん書いてもアカン言葉がメッチャ増えてきたような気がする。例えば体の機能、容姿についてはほとんどが表現禁止用語である。

例えば「メクラ」、「ヤブニラミ」、「ツンボ」、「オシ」、「チンバ（びっこ）」、「キチガイ」、「チビ」、「ハゲ」、「デバ」、はもちろんのこと、女性に対しては「ブス」、「デブ」は当然ながら「美人」、「色っぽい」、「ベッピン」、「グラマー」、「八頭身」なんて言葉も禁句らしい。

前にも書いたが、今、NHKの朝ドラで「笠置シヅ子をモデルにした「ブギウギ」と言うのをやっている。その中で彼女の大ヒット曲「買い物ブギ」を主人公を演じている「趣里」が歌っていた。私も子どものころこの歌が流行っていて、しょっちゅう歌ってたので歌詞はほとんど覚えている。その中に八百屋に買い物に行って店の主人に「オッサン、オッサン」と何べん声をかけても返事がない。ようやく気が付いたのかオッサンが「わしゃツンボで聞こえまへん」と言うところがある。天下のN

HKが「ツンボ」と言うような禁止用語を使えるわけがないので「どないすんのかなあ」と見ていたら「ツンボ」を飛ばして「わしゃきこえまへん」と歌っていた。

「そらそうなるやろ」と思ったが、「わしゃ聞こえまへん」では周りがうるさいから聞こえないのか、呼びかける声が小さいから聞こえないのかさっぱりわからない。

そしたら「メクラ」、「ツンボ」、「チンバ」はどう言うかゆうたら「目の不自由な人」、「耳の不自由な人」、「足の不自由な人」というらしい。だけど「目が不自由な人」と言うても「盲目」なのか「白内障」なのか「斜視」なのか「色盲」なのかよくわからないし「耳」も「足」も同じである。ただ、これらの言葉が当人にとって「差別用語」と感じ、あるいは周りの人間が「蔑視」「いじめ」の道具として使われるなら、これは使わない方がいいに決まってる。

ただ、これらの言葉は、他の熟語として使われているものがいっぱいある。それらも全部禁止用語なのかどうか私は知らない。

例えば「メクラ」だったら「メクラめっぽう」と言うことばがある。これを他の言葉で表現するかを考えると結構難しい。「ツンボ桟敷」と言う言葉、「片チンバ」、「キチガイ沙汰」なんて言葉もある。これをどう表現するか。いい表現方法があれば教えてもらいたいが、小説家などは結構頭を悩ませるのではないだろうか。

大阪では日頃から「アホ」とか「ボケ」とか言いなれて、あるいは聞きなれているからあんまり禁止用語を気にしない人が多いような気がする。と言うよりは「禁止や」と言われたら余計に使いたくなるのが大阪人の悪い癖や。

よく言われることだが、大阪人は東京人に比べて、並ぶことになれていない。電車のホームなどでも東京人はきちんと整列して待っているが、大阪人はぐちゃぐちゃになって待っている。車の運転などでも信号待ちでフライングするのは大阪の車が多いという。なんでか言うたら、東京は武士の町として栄えたので「お上」の言うことは絶対だという気質が染みついている。それに比べて大阪は商人の町、町人の町として栄えたので、どちらかと言うと「お上」に対しては反感を持っている、と言われている。

と言うたらカッコええけどホンマは違う。チョットでも得したろと言う大阪人のガメツイところが出ているだけやと思う。それが証拠に最近はだんだんと東京人を見習って駅でも並ぶようになってきた。

「差別用語」ではないが大阪弁で言うと人前では口にできない言葉もある。

「お饅頭」のことを大阪人は大阪人特有の短縮語で「オマン」と言う。「買ってきて」と言うのを「こうてきて」と言う。これを続けて言うとどうなるか。

「オマンコウテキテ」。あんまり人前では言えない。

また「路面電車」のことを昔は「チンチン電車」と言っていた、きょう日、車掌が出発の合図としてベルを「チンチン」と鳴らす電車なんておそらくどこにもないだろう。その語源を知らなかったら、これもあんまり人前では言えないのではないだろうか。

ひょっとしたら、もう子供たちの中には「チンチン電車」はスッポンポンの人が乗ってる電車だと思っているのがいるかもしれない。

アア、ハズカシ

ハラスメント

言うたらアカン、あるいは、やったらアカンこととして最近はナンチャラ・ハラスメントと言うのがメチャメチャ多い。だいたいハラスメントという言葉が日本に登場してまだそんなに年月は経っていないだろう。それも出てきた当初は「パワハラ（パワー・ハラスメント）」や「セクハラ（セクシャル・ハラスメント）ぐらいやったと思う。ところが最近は何にでもハラスメントと言う言葉がつけられるようになったようである。

私ら年寄りには何のことかさっぱりわからんハラスメントがいっぱいあるようだ。いちいち説明せえへんけどちょっと調べてみただけでも30種類ぐらいは悠にある。そらそうや。どんな言葉にでも「ハラスメント」とつければそれで成立するのだから始末に悪い。

そもそも「ハラスメント」を日本語に直したら「いやがらせ」とか「いじめ」と言う言葉になるらしい。しかも受け取る側がその行為を「いやや」と感じたり「不愉快や」と感じたらそれだけでハラスメントになるらしいから、オチオチ声もかけられない。

以前、大阪ではよく言うた「お前はアホか」とか「こんなこともでけへんのか。」などと言うのは完全な「パワハラ」である。「がんばれ」とか「しっかりせえよ」とか言うのも受け取る側が負担に思ったら「パワハラ」になるというのだから始末に悪い。

そんなこと言い出したら、会社において上司は部下に何にも言えんようになる。私も会社生活を離れてだいぶん経つので、今の会社では上司は部下にどのように接しているのか想像ができない。おそらくそんなことで「パワハラ」だと騒ぎ立てるのは、よっぽど上司と部下の間に信頼関係が無いか、部下の方が個人的に上司に対してウラミがあるなど特殊な場合に限られていて、日ごろの人間関係さえうまくいっていれば、あるいはうまくいくように努力していれば十中八九はこれまでとあまり変わらない接し方をしているのではなかろうかと思っている。

厄介なのは「セクハラ」である。女性のお尻を触ったり、肩に手を置いたりするのはもちろん「美人やなあ」とか「かわいいね」と言うのもセクハラらしい。もっと気を付けなアカンのは「今日の洋服、よく似合うね。」だの「髪の毛切った?」とか言うのも「セクハラ」だと言われる可能性があるそうだ。しかもややこしいのは、おんなじことをしたり言ったりしても受け取る側が嫌な思いをしなかったり、かえって喜んだりする場合はセクハラには当たらないらしい。さらにややこしいことには、「嫌やなあ」と思いながらも、笑顔を返したりされたら男は「どっちや?」と思い悩むことになりかねない。

世の中、弱い立場の人間の側に立って物事を考えるのは当然のことではあるけど、それも行き過ぎると「逆差別」や「冤罪」と言う弊害を生みかねない。

また、後で取り上げるかもしれんけど、最近の「LBGTQ」に関する論調を見てもあまりにも少数派をチヤホヤしすぎ、少数派に味方しなければ化石人間のような扱いを受けるのはどう見ても行き過ぎではないだろうか。今までさんざん嫌な思いをしてきたことはわかるけど、あんまり騒ぎ立てないで何事も「普通に普通に」接することが一番大事やないやろか?

あんまり「ハラスメント」や言うて騒ぎ立てるからハラスメントについてネットで調べたら、まあ、いっぱい出てくるわ出てくるわ。びっくりしたけど、その中からいくつかを紹介しよう。

「モラハラ(モラル・ハラスメント)」

「マタハラ(マタニティ・ハラスメント)」

「パタハラ（パタニティ・ハラスメント）」
「ジタハラ（時短ハラスメント）」
「ジェンハラ（ジェンダー・ハラスメント）」
「ケアハラ（けあ・ハラスメント）」
「パーハラ（パーソナル・ハラスメント）」
「エイハラ（エイジ・ハラスメント）
「リスハラ（リストラ・ハラスメント）」
「マリハラ（マリッジ・ハラスメント）

まあこの辺までは、なんとなく意味が分からんでもないが、この後の意味が分かる人はどれぐらいいるのだろう。

「フテハラ（不機嫌ハラスメント）」いつも不機嫌な顔をしている。
「ヌーハラ（ヌードル・ハラスメント）麺類を食べるときに音を立てる。
「ハラハラ（ハラ・ハラスメント）」なんでもハラスメントだと言い募る。
「オカハラ（お菓子ハラスメント）」特定の人にお菓子を配らない。

どうです。笑ってしまうでしょう。何事も「過ぎたるは及ばざるごとし」ですね。

◆差別・区別・ハラスメント

「差別」と「区別」と「ハラスメント」の違いと言うか、その境界線が私にはよく理解できていないけど、これらを法律で規制してしまうのは非常に難しいことだと思う。

最近は「男」と「女」を「区別」することさえ「男女差別」とか言って敵視されるようになってきた。「男便所」と「女便所」を区別すれば「LBGTQ」の人に対する「差別」だという。学校では今、どうしているのか知らないが、「出席簿」が男・女の順に並んでいるのはおかしいという人も多いようである。特に近頃は、パッと見たり聞いただけでは男なのか女なのかわからない名前も多い。それでなくても忙しい先生方の頭の中を混乱させているのではないかと心配である。

最近、学童たちが使う「クレパス」や「絵具」から「はだいろ」と言う言葉がなくなったらしい。なんでも人種によって肌の色は違うのに「あの色」をもって「はだいろ」と言うのはおかしいということらしい。そんなことを言い出したら日本人の肌の色だって黄色じゃないのに「黄色人種」なんて言われることもおかしい。「白人」だって肌の色は「白」じゃないし、「黒人」だって肌の色は「黒」じゃない。あくまで人種を区別するための大雑把な記号のようなものであって、そんなことに目くじらを立てて反対する人こそ、「白色人」、「黄色人」、「黒色人」と言うようなヒエラルキーに凝り固まった「差別論者」ではないかと疑ってしまいたくなる。

昔、私が幼いころは「国際結婚」などと言うものはほとんどなかったし、外国人との間に生まれた子どもは「あいの子」と言われて肩身の狭い思いをしていた。そのころの日本人は欧米人から「イエロー・モンキー」などと呼ばれてさげすまれていたし、日本人を漫画で表すと眼鏡をかけた出っ歯の男がカメラを首からぶら下げている姿が多かった。

それが今では「国際結婚」なんて当たり前のようになっているし、「あいの子」も「ハーフ」とか3つ以上の血が混じっているのを何と言うか知らんけれど、とにかく「混血」の方がもてはやされ、活躍の場も広がってきているように見える。つまり世の中がグローバル化して、あらゆることに境界線がなくなるかあいまいになってきているのである。だから、あんまり「差別」だの「ハラスメント」だのと騒ぎ立てて「逆差別」を助長するより、他人に不快な思いをさせないという人間としての良識に従って時代の流れに任せておけば、よりよい世の中になるのではないかと私は思う。せやけどSNSやUチューブなんかで、この良識が通用しない人種が後を絶たないのは悲しい限りではあるけど。

こんなこと言うたら、また古臭い人間やと言われるかもしれんけど、SNSなんてものができて人間は不幸になったんとちゃうやろか。

「いじめ」なんてもんは昔からあったけど、それは目に見えていたから相手は誰かがわかっていた。もちろん「見て見ぬふり」というのは昔からあったけど、そんなんちょっと調べたらすぐわかることやった。ところがSNSができてからは、相手がだれか、目に見えんようになってきた。それだけに内容がますますエスカレートして、相手を自殺にまで追い込むことが多くなったような気がする。

ＳＮＳの罪はそれだけやない。「出会い系サイト」とかいうアプリで全く知らない他人の誘いにやすやすと乗って、犯罪に巻き込まれてしまうという事件が毎日のように報道されている。それどころか最近はＡＩ技術で有名人の顔や声までそっくりに再生して、詐欺を働くという手口が増えてきた。

こうなったら「何が本物で、何が偽物か」という判別するのが素人では難しい。確かにＩＴ技術の発展によって世の中は飛躍的に便利になったけど、それを悪用するやつを判別する技術が追い付いていない。もしそんな技術ができても年寄りにはそれを使いこなすことができない。

こんな「いたちごっこ」はいつまで続くのだろう。

大阪を襲った災害

◆阪神淡路大震災

時系列で言えば、この大災害はもっと後に書くべきだろうが、それでももうこの地震発生から三十年を経過し、その後に生まれた人が、社会で活躍する年齢になっているが、この地震のことを知らないという人も増えてきているようなので、あえて初めに取り上げる。

1995年（平成7年）1月17日（火）、午前5時46分、兵庫県淡路島北部を震源とするM7・3の大地震が発生した。この日は前日16日が15日の「成人の日」が日曜日と重なったための「振替休日」だったので、17日は多くの人にとって3連休明けという日であった。

大阪という土地は、東京、東北、北陸なんかと比べてもそれまで、地震というものが頻繁に起きるということはなく、私が物心ついてからでは初めての「地震や」と飛び起きるぐらいの大きな地震やった。それでも私は大阪府の山側の一番南に位置する「河内長野」に住んでいたので、震源からも距離が遠く、地震波も長周期になっていて「わーっ、大きな地震や」と思ったけど、別に家具が倒れたりすることもなかったので「まあ、そのうちに収まるやろ」と軽い気持ちでテレビをつけた。

NHKのニュースでも初めのうちは「神戸方面を震源とする大きな地震が起きた模様」などと比較的落ち着いた様子で伝えていた。しかしそのうちに被害の実態が徐々に明らかになるにつれて、とんでもない巨大な地震であることがわかってきた。

テレビの画面では火災の炎と黒煙に包まれた神戸の町、長さ600m以上にわたって横倒しになった「阪神高速道路」、一階部分がひしゃげてしまったり、横倒しになってしまったビルなど、それまで見たことのない光景が、次から次へとテレビの画面に映し出されていった。

高速道路のみならず一般道路も寸断され、神戸方面に向かうJR、阪急、阪神などの鉄道も高架が崩れ落ちたり、電車が折り重なるように横倒しになっていて、もはや鉄道でも、車でも神戸方面に近づくことは不可能な状態になっていた。このような状況に直面して、当時の村山内閣はなすすべを知らず、自衛隊の出動要請も遅れて被害の把握にかなりの時間を要したと記憶している。

このような災害の時、何が一番困るかと言えば、道路ががれきの山に埋まってしまって、緊急車両が通れないことである。また水道もいたるところで破損し、消防車が消火活動するにしても、水が出ないので火災は広がるに任せざるを得ないような状況であった。

と、この地震の状況を詳述しようとすれば、それだけで大変な量になるし、その資料は、写真や映像を含めて今ならいくらでもあると思うので、ここではこれぐらいでとどめおくが、とにかくこの地震による死者数は６４００人を超えるといった大災害で私が間近で経験した一番でかい災害であった。（ただし、その後２０１１年3月11日に東北地方など東日本を襲った「東日本大震災」は、それが原因で起こった「大津波」と福島第二原発の爆発、メルトダウンなどによって起こされた放射能漏れ被害などによって、死者の数も二万人を超えるという、この「阪神淡路大震災」をはるかに上回る未曽有の災害であったが、この本は「大阪」を主題とした本なのでここでは触れないことにする。

その後も各地で大きな地震は発生しているが、大阪での最近の地震による被害と言えば２０１８年6月の「大阪北部地震」で震度6弱があったことぐらいしか私の記憶にはない。

日本では震度5以上の地震が年間どれぐらい発生しているのか知らないが、ニュースを見ていると、しょっちゅう日本のどこかでそれぐらいの地震が起こっているような印象がある。私が東京で生活をしていた18年間を考えてみても、震度3くらいの揺れはしょっちゅう起こっていた。しかし大阪では子どもの頃から思い起こしてみても、「地震や」と大騒ぎをした記憶は全くない。ましてや「津波」などは小学校の頃「稲むらの火」の伝承で話に聞いたことがあるくらいで、日ごろは頭の片隅にもなかった。それぐらい「地震」、「津波」というものに対して大阪人は鈍感なのである。だが「南海トラフ巨大地震」について「今後30年以内に発生する確率は70～80％」と言われてからもうすでに20年ぐらいたっていると思うが、もしその予測が正しければあと10年以内に発生する確率はもっと高くなっているはずだ。「決して油断してはいけない。そこで用心を怠らないためにもここで過去に大阪を襲った災害について思い出しておくのも、無駄ではないだろう。

それでは、時代をさかのぼって私の記憶に残っている大阪での災害について述べてみる。

◆ジェーン台風

私が物心がついてから記憶に残っている大阪で初めて出会った災害は昭和二十五年（１９５０年）八月末の「ジェーン台風」である。そのころ日本はまだアメリカの占領下にあったから日本に上陸した台風には後でアメリカの女性の名前が付けられていた。それ以前で私にはまったく記憶にないが昭和二十二年九月に関東、東北地方を襲った「カスリーン（キャサリン）台風」などもその一つである。

昭和二十五年と言えば私が幼稚園に通っていたころである。だから記憶にあるといってもとぎれとぎれで、どこまでが本当の記憶なのか、後でみんなから聞いた話が記憶としてインプットされているのかははっきりしない。

その頃、私たち家族（父、母、姉、長兄、次兄、私）は大阪市阿倍野区阪南町の長屋を2軒借りて暮らしていた。何で2軒かと言うと、戦前からの家業「印肉の製造・販売」のための工場兼事務所にそのうちの1軒を使っていたからである。当時は今みたいにテレビがあるわけでもなく、台風情報と言っても新聞とラジオだけが頼りであった。もちろん「衛星写真」なんかあるわけがなく、気象観測はもっぱら米軍からの情報に頼っていた。だから天気予報なんか誰も当てにしていなかった。ましてや台風情報もラジオで聞くか新聞で見るだけなのでほとんどの人が良くわかっていなかったのではないだろうか。ちなみにその時のラジオ放送はこんな具合であった。

「台風〇〇号の中心は、南大東島の東南200kmの北緯□度、東経△度付近にあって、毎時15kmの速さで北北西に進んでいます。中心気圧は960mb（ミリバール）、中心付近の最大風速は40m、中心から半径150km以内は25m以上の暴風圏になっています。台風はこのまま進みますと明後日の未明には室戸岬の南100km付近に到達し、その後進路をやや東寄りに変えて明日の午前中に兵庫県南部から紀伊半島にかけてに上陸する恐れがあります。今後の台風情報にご注意ください。」（これは、その時の放送やのうて、その後なぜか台風情報を聞くのが好きだったので、自然と覚えたアナウンサーの言葉の例や。）

地図もなしに、この情報を聞いただけでどれだけの人が理解できただろうか。大概は「ふ～ん」とエエ加減に聞き流して、風が強くなり始めてから「えらいこっちゃ、台風が来るかも分かれへんで」などと言いながら、慌てて窓が外れないように表から板をくぎ付けしたりしていたんやないやろか。そのころはほとんどの家が木造で、窓も扉も木でできていたから、ちょっと強い風が吹いたらすぐに外れたり壊れたりした。屋根も瓦葺が多かったから、強風で吹っ飛ぶことが多かった。せやから、台風が来たら今よりもはるかに大きな被害が出た。また、今みたいに下水道も整備されていないから、大雨が降ったらすぐに道路は冠水し、家の床下も水浸しになることが多かった。

台風が過ぎた後、ラジオでは「死者●人、行方不明者▲人、家屋の倒壊〇〇戸、床上浸水△△戸、床下浸水◇◇戸」などと放送していた。この辺りは子供心ながらうっすらと覚えている。

「ジェーン台風」は9月3日午前10時ごろに徳島に上陸し、その後淡路島付近を通過して12時ごろ神戸市垂水区付近に再上陸。その後若狭湾に抜けたと記録されている。この台風で大阪では最大瞬間風速47・2mを記録するとともに大阪湾では高潮が発生し船舶に被害が出たり家屋が浸水したりした。

その時の被害状況は下記の通り。死者３８９名、行方不明者１４１名、住宅全壊１９１３１棟、半壊１０１７９２棟、床上浸水９３１１６棟、床下浸水３０８９６０棟（以上ネットより。ただしネットでは死者３０００人を超すとの情報もあり、どれが本当かわからない。）。

私は子供の頃、台風が来るのが好きやった。何でか言うたら、台風の日には家族みんなが家にいてくれるからである。そうしてラジオ放送で、先に書いたような台風情報を飽きずに聞いていた。だからアナウンサーが何を言うかを自然に覚えてしまった。

台風が好きやと言う子供は小学校に行ってからも、中学校に入ってからも結構いてたように思う。その理由は「学校が休みになるからや」と言っていた。こんなことを言えたのも、大阪では、あんまり命の危険にさらされるような台風の経験がなかったからだと思う。

ジェーン台風は、大阪に住む私と同年代の子供にとっては初めて経験する大型の台風だった。台風で瓦が飛んだり、電柱が倒れて電線が切れたり、床下に水がたまったりするのもその時初めて知った。台風が収まってから私は次兄に連れられて家の外に出た。あちこちで電柱から電線が垂れ下がっていて、兄が「感電するから電線に触ったらあかんで」と注意してくれたことを今でも覚えている。そんな状態やから、停電してて感電する心配はなかったんやけど、そんなことは5歳の子供にわかるわけはない。「電気に触れたらビリビリが来て死ぬかもしれんのや。」と初めて知った。

ここからちょっと汚い話するから、食事前にはここから先は読まんほうがええで。

そのころのトイレはどこの家も「汲み取り式」の「和式トイレ」で大雨が降ったりしたらすぐ便槽に水が溜まって、うっかり深くしゃがんで用を足すと「ポチャン」と跳ね返ってきた。これを「オツりがくる」と言った。

「汲み取り式トイレ」言うても最近の人たちにはなんのこっちゃ分かれへんやろけど、要は地面に穴を掘って内部をモルタルで固めた便槽の上に床をかけて和式の便器を取り付けたトイレや。トイレの外は、路地になっていてそこには便槽につながる「汲み取り口」と言う蓋が付いた穴があって、便槽がいっぱいになってきたら、天秤棒の両端に桶をぶら下げた「汲み取り屋」がやってきて、汲み取り口から柄の長い柄杓で溜まった便をすくって桶に入れて運び出して、道路に止めた馬が引く荷台の桶に移し替えていった。（その後次第にトラックの荷台になっていった。）

当時の農家では「肥料」として「糞尿」を使っていることが多かったので畑のそばには必ずと言っていいほど「肥溜め」（大阪では「肥タンゴ」と言った）があって、子供たちが外で遊ぶときは「肥タンゴにはまらんように、気イつけや」と言うのが親たちの常套句やった。こんな状態やから、このころは野菜を買ってきても、よく洗わないと病原菌や、寄生虫の卵が付着していることが多く、このころの子供はよく「赤痢」や「疫痢」という伝染病にかかっていた。学校では感染者が出るたびに「保健所」連絡し「保健所」が消毒薬を撒きに来ていた。

また糞尿を肥料にしていたために腹の中に「寄生虫」を宿している子供も多く、学校で行われる身体検査（今でいう「健康診断」）のたびに検便が行われ、ほとんどの子供が「虫下し」という薬を飲まされていた。

今の親たちに「虫下し」なんて言うてもおそらくなんのこっちゃ分かれへんやろと思うけど、それぐらい今に比べたらホンマに不衛生な生活やった。せやけどそんな生活のおかげで耐性が付いたのかどうか知らんけど、そのころの子供に「食物アレルギー」や「花粉症」なんて聞いたこともなかった。

「汲み取り屋」と言う商売は、こうして各家庭から「汲み取り料」を取り、農家からは「肥料代」として金をとっていたので、結構カネになったらしい。せやけど、だれもあんまりやりたがらない商売やから、これで銭をためて、後々、大企業の経営者になった人もおったらしい。（誰とは言わんけど）

やがて、化学肥料が普及してきて「汲み取り屋」と言う商売は姿を消すことになるが、まだ、下水道が完備され水洗トイレが一般的に普及するまでには至らず、その間は多くの自治体が「バキュームカー」を購入したり外注したりして「糞尿」の処理をしていた。

大阪でも下水道が整備されて、家庭で「水洗トイレ」が普及したのは昭和四十年代（１９６５年代）後半以降になる。今では日本のトイレはほとんどウォッシュレットもついてるし、世界一清潔やと言われている。

こんな汚い話をするつもりやなかったけど、語り継ぐ話でもないし「そんな時代もあった」と言うことを後世に残すことも必要やと思て書いたんやけど、あんまりエエ話やなかったな。

話を「ジェーン台風」に戻そう。

「ジェーン台風」は風も強かったけど、雨も激しくまた大阪湾の満潮と重なって高潮が低地を襲い、多くの家が浸水した。阿倍野区の我が家は床上までは浸水せなんだけど、床下は水につかった。水が引いてから家族は総出で畳をあげて床板を外し、縁の下の土の上に「乾燥」と「消毒」のために「石灰」を撒いていたのをおぼろげながら覚えている。

「ジェーン台風」について覚えているのはこれくらいやから次に進もう。

次に私の記憶に残っている大阪を襲った強烈な台風言うたら昭和三十六年（1961年）9月の「第二室戸台風」ぐらいやと思うので、次にその話をしよう。

◆第二室戸台風

昭和三十六年言うたら、私が高校2年生の時で、その時は豊中市の熊野田というところに、長兄家族と母と私で住んでいた。何でそんなとこに住んでたかは話せば長くなるし、話の本筋ではないのでここでは触れないことにする。（自分史「のんべんだらり」には書いてある。）

「第二室戸台風（台風18号）」は昭和三十六年（1961年）九月十六日に室戸岬に上陸し、兵庫県尼崎市付近から若狭湾に抜けた猛烈な台風で昭和九年（1934年）の「室戸台風」と進路がよく似ていたことからこの名前が付けられた。

ちょうどこの日は土曜日で、兄家族も家におり、私は台風が来るということで学校を休み、朝からテレビやラジオでの台風情報にくぎ付けになっていた。中心付近の気圧は888hpaと1951年に統計を取り始めてから日本に上陸した台風の中では最も低く、瞬間最大風速も75m／秒と猛烈なものであった。

家は木造の平屋建で周りには畑や田んぼが多く、直撃したら大変なことになるかもしれないとみんなで心配していた。この家には雨戸もなく、窓も木製で薄いガラスが入っているだけだったが借り家なので、勝手にくぎを打つこともできないので戸締りだけはきちんとしていた。何時頃だっただろう。おそらく昼前ごろから次第に風が強まり窓ガラスがガタガタ言うようになった。ガラス越しに外を見ると大きな木の枝がゆさゆさと揺れて、田んぼの稲は横倒しに倒れている。さらに時間が経つと風はますます強くなり木製の窓がたわむようになってきた。万一、窓ガラスが割れたり、窓が外れたりしたら風が家の中に吹き込み、屋根が持ち上げられて吹き飛んでしまう可能性がある。

「これはやばいかもしれん。」と兄がいい、二人で畳をあげて窓際に立てかけた。しかしそれだけでは窓のたわみは収まらない。「よっしゃ、二人で抑えよ。」と畳を内側から必死で押さえつけた。

どれぐらいそんな姿勢でいたのか覚えてないが、やがて風が次第に弱まってきた。「やれやれ」と畳を横にして窓から外を見ると薄っすらと日が差している。「台風は通り過ぎたのかな」とラジオをつけてみたら、尼崎付近に上陸して北東に進んでいるという。「ええ〜」と思っているうちに再び風が強くなってきた。先ほどの薄日はどうやら台風の目に入っていたらしい。

「これはいかん。」とまた畳を立て直して、窓に立てかけて二人で押さえた。「吹き返し」は比較的短い時間で収まったように思うが、正確なところは覚えていない。

いずれにしても夕方には風も収まり、家も無事であった。

この台風による被害はネットで調べてみると死者194名、行方不明者8名、負傷者4972名、家屋全壊15238棟、半壊46663棟、床上浸水123103棟、床下浸水261017棟と台風の規模の割には室戸台風やジェーン台風に比べて小さかったという。

あれから63年余り。その後の大型台風や阪神淡路大震災、東日本大震災の経験から、日本の防災対策はかなり進んできたので、台風での被害はますます小さくなっていくだろう。

ここで、参考のために先に書いた「室戸台風」について少しふれておきたいと思う。と言うてももちろん私は生まれてなかったから直接経験したわけやないけど、親から聞いたことがあるのか、学校で習ったからか子供のころから名前だけは知っていた。ここでは「ウィキペディア」の資料を参考に話を進めよう。

室戸台風は昭和九年（１９３４年）九月二十一日に高知県室戸岬付近に上陸し、若狭湾に抜け、京阪神地方に甚大な被害をもたらした台風である。

上陸時の最低気圧は９１１・６ｈｐａ、最大風速60ｍ／秒、死者２７０２名、行方不明者３３４名、負傷者１４９９４名、家屋の全半壊および一部損壊９２７４０棟、床上・床下浸水４０１１５７棟、そのほか船舶の沈没・流出・破損２７５９４隻と記録されている。

当時のことなので、記録数値についてはどこまで正確なものかわからないが、先に書いた第二室戸台風に比べ、その勢力、規模は小さいが被害の甚大さは比べ物にならないほど大きい。この時は風による被害だけでなく４ｍを超える高潮の影響で大阪城あたりまで浸水したという。当時は学校の校舎も木造校舎が主流でありその大半が一瞬のうちに倒壊し多くの犠牲者を出した。

この時の犠牲者を慰霊するため、大阪城公園の南西角あたりに「教育塔」が建てられている。

台風の話の最後に平成三十年（２０１８年）九月四日に大阪地方を襲った台風21号について少し記述しておこう。

この台風は４日の12時ころ徳島県南部に上陸し、淡路島付近を通過後神戸付近に再上陸。その後スピードを上げて若狭湾付近から日本海へ抜けるという、室戸台風、第二室戸台風と同じようなコースを辿った。上陸時の最低気圧は950hpa、最大風速は47・7mと記録されているが、京大の研究グループによると、大阪のビル群などの影響で場所によっては、50～60km／秒の風が吹いていたのではないかと言われている。（最近では昔に比べて、アメダスによる観測地点が格段に増えたので最低気圧、最大風速などは各地点によって差異がある）

テレビのニュースなどを見ていると、道路を走っていた大型トラックが横転したり、駐車中の乗用車が横風を受けて、道路の端に吹き寄せられたりしていたので、実際は局所的には70m／秒以上の風が吹いていたのではないかと感じられた。

この台風で特筆すべきは、台風のため大坂湾外に退避していたタンカーが風であおられ流されて、関西空港連絡橋の橋桁に衝突し、損壊させてしまったことである。その復旧にどれだけ期間がかかったかは忘れたけど、損傷した部分の橋桁を工場で作ってそれを台船に載せた大型重機で釣り上げて復旧するという工法で短期間のうちに工事は完了した。

この台風による大阪府下での被害は、死者18 12名、重軽傷9008名、」行方不明76名、家屋全壊・半壊・流出14578戸、床上浸水126871戸、床下浸水264778戸と結構大きな被害を出した。

ここまで戦後大阪を襲った台風について、記憶に残っているものについて述べてきたが、近年は東京や大阪の中心部では、鉄筋コンクリートのマンションが増え、郊外の住宅も瓦葺の屋根も減ってきて構造が堅固になったため、昔のように風による大きな被害は飛躍的に少なくなった。

代わりに地球温暖化に伴って、集中豪雨が頻繁に起こるようになって、大規模水害が増えてきた。「線状降水帯」などと言う言葉は一昔前まで聞いたことがなかったけど、今や毎年どこかで発生し大きな被害を出している。それに対しても大阪では他の地域に比べてそれほどの大規模水害は起こっていないように思う。

また気温に関しても、昔は大阪の夏が日本で一番蒸暑いといわれてきたが、ここ数年、夏に猛暑と言われる35度を超える日が続くようになって、日本の夏の最高気温は関東の内陸部や、北陸地方に移ってきた感がある。

こうしてみると私のひいき目かもしれないが「大阪」はまだ相対的に住みやすい街になってきたように思う。せやけど「油断は大敵」。天災は忘れたころにやってくるという。先に書いたように「南海トラフ大地震」はいつ何時襲ってくるかはわからない。

くよくよする必要はないが、備えだけはしておくこっちゃ。

あとがき

ここまで私のおぼつかない記憶に基づいて書いたとりとめのない話にお付き合いいただきありがとうございました。大阪という街、大阪人の気質についてのご理解に少しでもお役に立てたなら、これ以上の喜びはありません。

ここで私の記憶の範囲からはみ出ていて、これまで触れてこなかったエピソードについてお話をさせていただいてこの本の締めくくりとしたいと思います。

私が生まれたのは昭和二十年（１９４５年）三月十四日。十三日の深夜から十四日の未明にかけて、大阪の中心街は米軍の空襲によって焼け野原になった。その頃、大阪のど真ん中、長堀に住んでいた私の家族は、火の海の中を心斎橋まで逃れ、偶然動き出した「地下鉄」で梅田まで逃げ終えた直後に母が産気づき、最寄りの「産院」に駆け込むや否や私が生まれたと、母や姉兄たちから何度も聞かされてきた。

本文中でも少しふれたが、この時「なぜか動いた地下鉄」が私たち家族だけでなく、多くの被災者の命を救ったのである。このことを戦後30年以上たった昭和五十二年八月の終戦記念日の頃に次兄が朝日新聞に投稿したところ、「私もあの地下鉄に乗って助かった。」、「なんであの時間に地下鉄が動いたんやろう。」と投書する人が大勢出てきて毎日新聞社が中心になって調査に乗り出した。

その時の調査内容は新聞記事の中に「救われた小さな命」などの見出しで私の出生時の様子も克明に記されている。

その後、この地下鉄は誰の指示で動くことになったのかという問題について調査が進められ、何度か新聞、テレビなどのマスコミでも取り上げられたが、結局、謎のまま残されたようだ。２０２１年にはその時の状況をまとめた「命の救援列車・大阪大空襲の奇跡」と言う単行本も発行されている。

これらの出来事がこの場面に出会った人々の記憶に残っているだけなら、おそらく話は途切れてしまうのだろうが、こうして新聞や本に記録として残されると、戦争の恐ろしさ、悲惨さがいつまでも残ることになる。

今でこそ、大阪では戦争の跡形はほとんど見られなくなったが、私が高校生のころまで残っていたのは、終戦の前日、すなわち昭和二十年八月十四日に米軍によって爆撃された、当時東洋一の軍需工場と言われた「大阪砲兵工廠」の爆撃跡であった。現在は「大阪城公園」としてきれいに整備されているが、私が高校3年生すなわち昭和三十七年ごろまでは、工場の鉄骨の残骸が残っていて、地面には「菊の紋章」が転がっていたことも覚えている。

戦後八十年。戦前や戦中の話をできる人もだんだん少なくなってきている。それどころか昭和と言う時代を経験していない人の方が多くなってきた。

戦後八十年は私の人生とそっくりそのままかぶさっている。つまり私のこれまでの人生そのものと言っても過言ではない。その間、大阪の街もすっかり変わった。というより日本中の街がすっかり変わって、なんや知らんけどどこへ行っても東京の街を歩いてるみたいな感じになってしまったような気がする。

街は変わってもそこに住んでる人の気性というか匂いというものはそんなに簡単に変わるものではない。特に大阪人はどこへ行ってもその匂いがプンプンする。その匂いをできるだけ損なわんようにこの本の中に書かせてもろたつもりである。

大阪にはエエとこも、悪いとこも仰山ある。その中からできるだけエエとこを選んで書いたつもりやけど、気に障るところがあったらご容赦願いたい。

初めに書いたように、私の記憶を独断と偏見を交えて書いているので、間違いや勘違いのところもたくさんあると思うけど、その辺はあまり追及しないで適当に読んでくれはったらエエと思てます。

最後になりましたが、今回の出版にあたり、つむぎ書房の皆様方に大変お世話になりましたことに対し、深く感謝申し上げます。

令和六年（2024年）十一月

村松　弘

村松　弘
昭和20年3月14日大阪中央区で生れる。
昭和43年 京都大学工学部建築科卒　一級建築士
同年4月 大阪のゼネコンに就職。主に建築工事管理に携わったのち、平成9年より平成27年まで東京本社勤務。
現在、大阪府河内長野市在住

おもろい街　大阪
2025年4月4日　　第1刷発行

著　者――― 村松弘
発　行――― つむぎ書房
〒103-0023　東京都中央区日本橋本町2-3-15
https://tsumugi-shobo.com/
電話／03-6281-9874
発　売――― 星雲社（共同出版社・流通責任出版社）
〒112-0005　東京都文京区水道1-3-30
電話／03-3868-3275

ISBN 978-4-434-35585-1